人生の気品

jinsei no kihin

新日本出版社

人生の気品――目次

香川京子さん 161

嵐 圭史さん 175

渡辺美佐子さん 189

※収録順不同

女優

草笛光子さん

80歳、いつまでも若いつもり

自在に動く体に

――日本ミュージカル界の草分けの一人である草笛さん。80歳になった今も第一線。2013年は、大河ドラマ「八重の桜」のナレーション、三谷幸喜×ニール・サイモンの舞台「ロスト・イン・ヨンカーズ」で活躍。「ロスト・イン・ヨンカーズ」では、紀伊國屋演劇賞個人賞を受賞しました。

舞台は、体力がものをいいます。その人物の感情を私の体を通して表現するわけですから、他人を〝通す〟ことに耐えうる体でなければならないんです。少しだけ振り向くという動きでも、劇場の後ろの席の人にわかる動きにするには背筋、腹筋が必要です。

声もそうです。どんなささやき声でも後ろまで通さなきゃいけない。声量を自在に調節するには、背筋、腹筋が欠かせません。1に筋力、2に筋力です。

だからレッスン、レッスン、レッスンだな、と。レッスンを続けてないと、何事も思うような表現ができないってことですよね。体で表現するためには、俳優は自在に動く体でなければならないんです。

五輪をみて研究

――今月末には、二人芝居「6週間のダンスレッスン」が始まります。親子ほど年の離れたゲイのインストラクターに、ダンスレッスンを受けるという物語――。舞台ではスウィング、タンゴ、ワルツなど6種類のダンスを披露します。

私、自分はアスリートみたいだと思っています。このあいだの冬のオリンピックは疲れました。夜中の3時、4時までアスリートを見て研究してました。あの動きはどの筋肉を使ってるんだろうとか、どんなトレーニングをするんだろうとか。

アスリートの精神力にも興味があります。オリンピックは4年かかって築き上げた力をいっぺんに出すわけでしょ。崖っぷちを歩いているぐらい、大変なことだと思います。それで挫折があったり。さぞや、と思うと胸が痛いですよね。

――「ロスト・イン・ヨンカーズ」では厳格なおばあちゃん役でした。草笛さんが舞台に登場すると、空気が一気に引き締まります。

俳優にとって、本番直前の集中力の高め方は、みんな努力していることだと思います。私の場合は、開演1時間ぐらい前になると、誰ともしゃべりません。集中タイムです。余分なものを目に入れず、耳にも入れず、これから始まる舞台だけに神経を集中する。劇場のざわめきから遠く離れるんです。そうしないと、芝居の世界に入っていけません。私、ぶきっちょなんですよ。

せりふも覚えたな、と思うと、次の日、もう忘れてますよ。夢の中で引っかかったところ、自分の弱いところを朝、目覚めてから4、5回はやり直します。それでもこわい。いつもおびえてますね。

舞台は、やり直しがききません。背水の陣です。舞台に出たら最後、もうひとりきり。孤独の世界です。

体がいうことをきかないとき、最後に残るのは〝気〟ですね。「今日の芝居、良かったですね」といわれる日は、決まって体の調子は良くありません。柳の枝にとびつくカエルじゃないけど、お客様は一生懸命の姿に感動してくださるような気がします。

――演じる上で大切にされていることは……。

母の口癖は、「今日一日をよく生きなさい」でした。一日の中にも山坂があります。よく生きるというのは、その山坂を乗り越え、やるべきことに力を注いで一日を生きるということです。

お客さんがご覧になるのは舞台の上の姿ですが、「お疲れさま」から次の日の「おはようございます」までが勝負どころ。そこをちゃんと生きているかで、いい舞台ができるかが決まります。

でも、「ロスト・イン・ヨンカーズ」のときは、しんまで疲れました。回復する時間がないぐらい、スケジュールが詰まってたんです。終わった後も手が上がらなくてね。手術を勧める先生もいらっしゃいましたが、毎日リハビリして、とうとう上がるようになりました。人間の治癒力はすごいですね。

ライフワーク

――人生を深いまなざしで見つめる舞台「6週間のダンスレッスン」は、ライフワークです。8年前から続け、もうすぐ200回を迎えます。

高齢の未亡人、リリーは、一番私の地に近い役ですね。私も一人ですから、リリーの心境がぴったりきます。夫とのこと、老いや病への不安、孤独。これぐらいの年になると、みんな何か持ってますからね。私と同年代の女性に受けるんです。

だけど、女優って不思議ね。このあいだ、テレビで堺正章さんの「堺でございます」という番組に出たんですよ。そのとき私、「老け役やるとダメね」と言ったの。みんな、大笑い。自分はもう老けてるのに、いつまでも若いつもりのおかしな女優です。

松竹歌劇団、そしてテレビへ

――子どもの頃は、体が弱くて人前に出るのが苦手でした。

虚弱体質で学校に1週間通うと1週間休むような子どもでした。学校にサンルームという虚弱体質の子どものための日当たりのいい教室があったんです。授業もそこで受けていました。

内弁慶で祖父母や両親には「光子は九文安い」といわれていました。老人に育てられると甘やかして三文安いっていうじゃないですか。私は3人の祖父母が競ってかわいがってくれましたから、九文安いというわけです。

「いいかげん」はやるまい

――60倍の難関を突破して松竹歌劇団（ＳＫＤ）の養成機関・松竹舞踊音楽学校に入ったのは１９５０年。17歳でした。

あと数カ月で高等女学校卒業というときでした。友人に松竹歌劇団の試験を「受けてみたら」と熱心に勧められたんです。

舞踊サークルに入っていた私は、自分に何点つくのか見たくなりました。行ってみるとほかの女の子たちはパーマをかけて口紅もつけています。私はといえば、髪は三つ編みで化粧っ気なし。それなのに受かっちゃった。

父も母も猛反対しました。母は、私に女医さんになってほしいと思っていたようです。歌劇団に未練があった私は体操の先生に相談しました。そのとき言われたのは、「自分の人生は自分で決めなさい」と。覚悟ができましたね。

私の学校は神奈川県で最初にできた県立高等女学校で、周りはガリ勉ばかり。中退することになったとき、母は担任の先生から「水商売すれすれのところに娘さんをやるんですか」といわれました。母のつらそうな顔を見て、私もつらくなって……。

そのとき思いましたね。いいかげんなことはやるまい。学校の名を汚しちゃダメ。友達に恥ずかしくないように生きようと。

歌劇団に入団後も、女学校時代の教科書で国語や数学の勉強を続けました。今、学校で友達は勉強している。自分に厳しくしないと私はおしまいだと思ったんです。

人より1時間早く

――歌劇団の音楽学校を卒業するときは1番でした。

それが目標だったんです。出るときには1番になってやるって。

研究生時代は、バレエ、ダンス、舞踊、歌のレッスンを受けます。何にもできなかった私は、人より1時間早く行って訓練しました。みんなが来ないうちに一人で全部掃除してね。それが私の一つのたたかいだったのね。

音楽学校では年に2回試験がありました。全科目の点数が出て、約50人の順番が決まるんです。そのうち、あの人は歌舞伎の役者さんの縁故の人らしいとか、あの人の父親は関連会社の偉い人らしい、という情報も耳にするようになりました。

実力で番付が決まるんなら結構。そうじゃない情実が渦巻く世界なら、潔く辞めようと思いました。理不尽を目の前にすると、火がつく性格なんです。あの頑張りがずっとあったら私、もっといい女優になっていたと思いますよ。

――退団後、24歳から出演した日本テレビの「光子の窓」（58～60年）は、歌あり踊りありコントありの画期的なバラエティーでした。

演出は、有名なディレクターの井原高忠《たかただ》さん。生放送なのに、場面転換がものすごくなめらかなの。4、5歩歩くと変わる、というぐらい。着替えも秒単位。あれで早変わりの名人になりましたね。

スポーツ界や歌舞伎界からゲストをお呼びして、お話を聞くんです。一番怖かったのはスポーツ界。今さっき優勝した人がパッと来るから。さあ、この方と何をしゃべったらいいんだろうとドキドキしました。

◇◇◇◇◇◇◇◇◇◇

いつも人生の〝新人〟

出会いに恵まれ

――2014年、菊田一夫演劇賞特別賞を受賞した草笛さん。授賞式では、「人との出会いに恵まれた」と話していました。

本当にそう。幸せですね。松竹歌劇団の頃から私には〝七人の侍〟というのがついたんです。歌劇団の団長、アナウンサーの高橋圭三さん、評論家の尾崎宏次《ひろつぐ》さん、映画監督の中村登さん……。

月に1回ぐらい銀座で食事して時間がたつと「女の子はもう帰った方がいいよ」と、その人たちはどこかに遊びに行っちゃうの。私を守ると言ったのに、守ってくれやしない。

「演技というものは卓上でやるもんじゃない。勉強しただけで、できると思わないように」と言われて、わかりもしないのに「はい」と聞いていました。

――作曲家・芥川也寸志《あくたがわやすし》さんと結婚しますが1年9カ月で離婚。六十数年の女優人生では、女優を辞めようと思ったこともありました。

東宝重役の菊田先生の誘いで松竹から東宝に移籍した私は、ブロードウェーのミュージカル女優を目標に希望に燃えていました。

あるとき、菊田先生から「『屋根の上のヴァイオリン弾き』をやるから一緒にやろう」と声をかけていただいたんです。私は海外で勉強してこようと張り切っていました。

ところがその役を突然、おろされたんです。理由は納得できないものでした。それなら女優を辞める、と旅に出た私は、旅先のニューヨークでミュージカル「ラ・マンチャの男」に出合ったんです。

衝撃でしたね。体が熱くなった私は、帰国後、菊田先生に直談判しました。「私は先生に役をおろされた。女優を辞めようと思っていたけど、これを私にやらせてくださるなら女優を続ける」と。

――菊田さんが東宝で上演権を取り、草笛さんも念願のヒロイン・アルドンサを演じることになります。

でも、いいことの後には必ず何かを失うものなのね。アルドンサの役はトリプルキャスト、つまり3人の女優の競演だったんです。プロなら負けたくありません。神経がピリピリして、夜も眠れない。食べ物も受け付けません。

車に飛び込もうと思ったのはそんなときです。ダンプカーの前に飛び込めば、舞台に立たなくてすむ。環八（環状8号線）に出て、死のう、とパッと目を開いた瞬間、やってきたのは小さな三輪トラック。これでは死ねない。死神が遠のいていきました。

ひっぱたきながら

――その後は舞台、テレビ、映画と精力的に活躍。58歳で挑戦した一人芝居「私はシャーリー・ヴァレンタイン」のせりふは、約5万語といわれました。

舞台美術家の朝倉摂《せつ》先生が「あなたは新人なんですよ。こういうのもやりなさいよ」と持ってきてくださったんです。1人で2時間半やるのは大変でしたが、「新人」といわれて、がぜんやる気が出ました。58歳でも登ってない山はあるんだと。

振り返ってみると、私は「コンチクショー」と自分をひっぱたきながらここまできた気がします。芸能界って汚いものが渦巻いているらしいけど、きれいに生きてきたつもりです。

女優の仕事は私にとってはたたかいそのもの。80歳になって、80代はどんな私になるだろうと自分を俯瞰《ふかん》してるんです。やれるだけ爆発していたいですね。お友達みたいにしていただいてるイギリスの女優・ジュディ・デンチさんも、ほとんど同い年なんです。あの方も頑張っていらっしゃるから私も見習わなきゃな、と。

結局、70代でも80代でも、いつまでたっても人生の〝新人〟なのではないでしょうか。いつだって転機。「新しく出発だわ」と思っています。

（2014年5月）

作家

赤川次郎さん

◇◇◇◇◇◇◇◇◇

初期作で書いた世界が現実に

――作家生活が41年目に入り、著書は２０１７年春６００冊を超えました。

節目は意識していません。いつのまにかここまできた感じです。28歳で新人賞をもらい、まさか70歳まで小説を書いているとは……。来年（２０１８年）は70歳になるんですが、高校時代の友人は、みんな定年になっています。僕は定年のない仕事なんだと実感しています。（笑）

まだ書くことが楽しい

――「最近はペースが落ちた」といいつつも、年に10冊は本になる仕事ぶりです。

以前は平気で年に20冊も出していたわけですから、それに比べるとね（笑）。エンジンがかかるまで、時間がかかるようになりました。以前は、座った途端にパッと書き始めていたのに。僕は、とにかく書き始めないと話が進まないんです。書くことがつらくなったらやっていけなくなると思います。でもいまはまだ書くことが楽しい。まあ、読む人が楽しめなきゃあしようがないんですが。（笑）

――近著『招待状』（2017年2月、光文社）には27編のショートショートを収録。赤川次郎ファンクラブ（1984年発足）の会誌に掲載され、約1000人の会員以外は読めなかった作品群の書籍化です。

タイトルの「幽霊の忘れ物」、「シンデレラの誤算」などは、会員から募集したものです。いっぱい来る会員のアイデアから、これはというものを選び、それをとっかかりに書いています。1編は原稿用紙10枚くらい。1晩で書きます。年に4本なので、たまるのに時間がかかります。この本も7年がかりです。

ファンクラブでは毎年、ファンの集いを続けていて、地方と東京の両会場に来られる熱心な方もいます。ありがたいことです。

――切れ味鋭く多彩な短編がそろった『招待状』。入学式で「君が代」を歌わず処分を受ける高校教師を登場させたり、現代社会への問題意識をのぞかせる作品もあります。

時々ポロリと本音が出てきます。（笑）

――『東京零年』（2015年、集英社）では、政治権力が暴走し超管理社会となる近未来の日本を描き、2016年、吉川英治文学賞を受賞しました。

賞の対象になるとは思っていなかったので意外でした。僕としては、そんなに過激なことを書いたつもりもないですし、過激というなら、初期の『プロメテウスの乙女』（1982年、角川書店）の方がよっぽど過激です。ヒトラーユーゲントの少女版のような自警団やレジスタンス（抵抗運動）とか、まさか実用化はしないだろうと思っていたリニアモーターカーも登場させました。われながら過激な話を書いたと思います。

初期のころから、「もしもこんな世の中になったら大変だ」という思いがあったのは確かです。しかし『三毛猫ホームズ』シリーズで有名になったので、その後はどうしてもユーモアミステリーの作家と見られがちでした。そういうなかで、何を書いてもいい、何枚書いてもいいという機会があり、『プロメテウスの乙女』ができました。残念なことに、いまとなってはこれが昔の話ではなく、いま現実にあってもおかしくない世界になってしまったのですが……。

「空気」になる怖さ

――多忙ななか、演劇、オペラ、歌舞伎へも足を運びます。最近は、劇作家・演出家の永井愛さんの新作「ザ・空気」に衝撃を受けました。テレビの報道番組の現場が、いかに政権の圧力を受けゆがんでいくかをリアルに描く舞台です。

永井愛さんの、いまの社会への不安と怒りが真っすぐ伝わってきました。報道の現場では、良心的であることがこんなにもつらいのかと。初日に見て、もう一回見に行ったんです。テレビの報道番組のスタッフは、どれだけつらいだろうなと。なんとなく、誰も逆らえないような「空気」になっちゃう。怖いことです。

――憲法、原発から東京の豊洲新市場への移転問題まで問題意識は多方面に。日本共産党は移転に反対してきたのに、石原慎太郎元知事が記者会見で、移転は「議会の総意」だと発言をしました。

本当は「総意」ではないことは、記者会見に来ている記者だって、当時の議事録を調べれば簡単に分かることなのに。アメリカのトランプ大統領も、ウソだと分かることを平気でよく言いますね。権力者がウソをいっても、それを信じたい人は信じてしまう。信じるふりをするんでしょう。ウソの方が自分に都合がよければ。そういうウソがまかり通ってしまう状況は、本当に怖いと思います。そのうち、どれが真実か分からなくなる。ウソの情報があふれている、ネット社会の弊害ですね。

職場になじめず「三毛猫」執筆

――生まれは福岡市。父は東横映画（現・東映）の九州支社長で、幼いころから映画に親しみました。

小さいころはまだテレビが無い時代で、娯楽といえば映画です。中学、高校の時は映画監督になりたいと思っていましたが、後に作家になってから、実際に映画の現場を見て、無理だと分かりました。何十人という人をまとめるのは、別の才能が必要なのだと。

――姉はいるものの、青年時代は同年代の女性と話したことがありませんでした。

中高が男子校でクラブ活動もしなかったので、他校の女子生徒と接する機会もありませんでした。6年間、本当に女の子と口をきいたことがありません。道を聞かれたことはありましたけどね。（笑）

現実逃避のために

――高校時代は中世ヨーロッパが舞台の大長編を執筆。

小説を書くのは、現実逃避のためでした。受験戦争の厳しい時代で、生きるのが大変でした。小説を書いている間だけは、それを忘れられました。

運動神経は、ゼロというよりもマイナスなくらい（笑）。学校では、勉強できなくても足が速いとか、何らかのかたちで存在価値の発揮しようがあるものですが、僕は勉強も運動もできない。小説を書いていても自慢にはならない。相当にコンプレックスでした。

小説家になっていなかったら、いまごろ一体どうなっていたことか（笑）。だから、成功できない人の気持ちはよく分かります。自分の視点は、弱い人にある。小説の基本になっています。

機械学会に就職して

――父が失職したため高卒で日本機械学会に就職します。

兄が機械工学を専攻したせいもあり、新聞広告の「機械」の字が目についたんです。名前からして硬くてしっかりしてそうだし（笑）。理数系はダメなんですが、採用試験に受かっちゃった。

高校時代に小説では女の子をたくさん描いていたので、社会に出てからも女性社員の方が話しやすかったですね。小説を書くなかで訓練していたので（笑）。職場の男の人はプロ野球の話とかが多く、おもしろくない。映画の話などができるのは女性でした。

――仕事は学会の雑誌編集や校正。やがて、学生時代のように小説を書き始めます。

職場になじめなかったんです。帰りに同僚と酒を飲むとか、社員旅行などはお断りしました。仕事をして帰ってきて、テレビを見て寝る、そんな人にはなりたくない。そういう気持ちで自分を支え、小説を書いていました。

――機械学会には12年間勤務。在職中に新人賞を受賞し、多忙な生活に。サラリーマン生活の最終盤は原稿依頼が殺到し、１９７８年に退職します。

「三毛猫ホームズ」の一作目が売れて、辞めないと倒れちゃうくらい執筆が忙しくなったんです。最後のころは、睡眠2時間で会社へ行ったりした。だからもう、大変なミスをしてクビになる前に、自分から辞めた方がいいだろうと。（笑）

辞める時は、これから定期収入が無くなるわけですから不安はありました。でも、うちのかみさんが、あまり先のことを心配しない人でして（笑）。辞めてもなんとかなるかな、という感じでした。

父親って何だ

――少年時代、父親は外で別の女性と生活し、ほとんど家にいませんでした。それが小説にも反映し、父親不在の設定がしばしば登場します。

小学3年生のころに作文で、「今日はお父さんが家に遊びにきて、夕方帰りました」と書いたことがあります。それを見た母が大笑いをしていた。そんな家庭でしたから、父親のイメージがまったくわかない。父親って家で何しているんだろうと。どう書いていいのか分からなかったんです。

小説に、父親がちゃんと出てくるようになったのは『ふたり』（89年）からです。自分が父親になり、やっと父親のいる家庭がイメージできるようになった。まあ、夫より妻が強い方が、家庭は平和なんですね（笑）。作品のなかでも、女性や子どもをいじめたくないんです。ひどい目にあっても途中で助かっちゃったり。（笑）

言葉の力で世の中をよくしたい

――原発の問題を懸念しています。

地震がくるたびに、原発は怖いと改めて思います。福島第一原発の事故は、何も解決していない。原子炉のなかがどうなっているのかも分からないのだから、「アンダーコントロール（管理下にある状態）」どころではない。

原発については、見たくないものは見ない、ではなく、もっと目を覚まさないといけないと思います。「起こってほしくない」ことを、「起こらない」ことだとすりかえて、信じさせてきたのが日本です。でも、この狭い日本でこの先、原発によってどれだけのしっぺ返しがくることか。放射能は人を区別して避けていってはくれません。原発関係者の家は避ける、なんてことはないんです（笑）。なにかと派手なものに目がいきがちですが、本当はオリンピックでうかれている場合じゃないでしょう、と私は思うんですが。

自主避難をした人たちへの援助の打ち切りも、ひどい話です。それを決めた人たちは、現地にいないからそういうことができるのでしょう。

女性的感覚で

――再稼働推進の動きに憤ります。

先日、文学館の招きで福井県に講演にいく機会がありました。イベントの協賛に関西電力が入っていました。福井県は〝原発銀座〟です。敦賀は京都にも近いし、もし事故が起きたら大変なことになります。でも、地方は産業も少ないし、経済的な体力が弱いから、そこにつけこむようにして原発が作られてきた。お金の力で危険な原発を地方に押し付けるなんて、人間として、本当にやっちゃいけないことだと思います。

原発が稼働していなくても電気は間に合っていました。誰も困っていないのに、政府と電力会社は原発の再稼働を急いでいる。福島第一原発の事故の収束の見通しがたたないなかで、とんでもないことです。自分で止められないような力は持ってはいけない。お金よりも大事なのは命です。原発の再稼働を急ぐ人たちは、自分の子や孫の将来をどう考えているのだろうと苛立《いら》たしくなります。

――福井での講演は、ゲーテの言葉で締めくくりました。

「女性的な感覚の方が、人間を正しい方向に導く」という、ゲーテの「ファウスト」の言葉を引用しました。ゲーテは250年くらい前の人ですが、そのころからすでに、男性原理で動いていくと、世の中は権力志向になったりするんだとちゃんと分かっていた。母親の愛情など、女性的感覚がなければ人間は高みにいけないのだと。天才はすごいなあと思います。

怒って当然だ

――憂慮すべきことだらけの社会に、「言葉で対峙《たいじ》していきたい」と言います。

原発事故による廃炉費用などを電気料金に上乗せしようとする動きなど、なんで国民は怒らないのだろうと思います。怒って当然のことだらけなのにみんなおとなしいし、マスコミも追及が甘い。こんな世の中に、僕もなんとか文字で発信していきたいという気持ちがあります。

時代が悪い方へと進んでいっても、あきらめてはいけない。あきらめるのが一番いけないことだと思います。こういう時代には、自分で考えることが大事です。〝あの人が言っているから〟で判断していては危ない。僕はフィクション（虚構）の力で、少しでもいまの世の中を良くしていきたいですね。

――作品中で〝殺した〟人は数知れず。しかし、最近は心境に変化が……。

最近は、作品を悲しい終わり方にするのが嫌になってしまいました。ほのぼのとした、心温まるものにしたくて。昔だったら残酷な話も書いたんですけど、いまはハッピーエンドにしたくてしようがないんです。(笑)

(2017年4月)

赤川次郎さん

俳優・作家・歌手

高見のっぽさん

◇◇◇◇◇◇◇◇◇

「小さいひと」に敬意をこめて

声に出して読んでほしい

――ライフワークのひとり芝居「ノッポさんの宮沢賢治～ぼくは賢治さんが大好き！」が2015年4月、東京で公演されます。演目は、「狼森《オイノもり》と笊森《ざるもり》、盗森《ぬすともり》」「注文の多い料理店」などです。

宮沢賢治さんの作品は10代後半から読み始め、その頃は言いたいことがわかりませんでした。あの方の作品は、童話のスタイルを取っているけれど、読んでもわからないものばかり。『銀河鉄道の夜』は、おとなが読んだってわかりませんよ。

作品から伝わってくるのは、書いているご本人がとても優しい人だということと、文学的才能がすごいということです。例えば「雨ニモマケズ」は詩だといわれていますが、私にとっては「心の唄」ってことです。

『狼森～』の中に、「狼森のまんなかで、火はどろどろぱちぱち火はどろどろぱちぱち、栗はころころぱちぱち、栗はころころぱちぱち」と狼さんたちが歌う場面があります。私が読むと節がついてきます。宮沢賢治さんも、これを書きながら歌を歌ったに違いありません。だから4月の公演では作品に曲をつけました。全部自分で作曲しました。

宮沢賢治さんの作品だけは、みんなに声を出して読んでいただきたいですね。あの方の作品は、今の世の中にちょうどいいですよ。自然との共存、人間は森と仲良くしなきゃいけない、と呼びかけていますからね。

最終回で……

――NHK教育テレビの子ども向け工作番組「できるかな」（1967~90年）のノッポさんは、音楽にのって無言でモノをこしらえる、〝しゃべらない人〟で有名でした。ところが最終回、初めてしゃべります。

最後までしゃべらない方がいい、という人もいました。でも、私はいい声をしてるんだから、お客様をびっくりさせたい、という思いがありました。本当にいい声かは知らないけどね。ふふふ……。

気分は良かったけど、しゃべった後に、ちょっと気がとがめました。おどかしちゃったんだろうなあと。それで最後に「あ~あ、しゃべっちゃった」とおわびのしるしを付け加えました。

番組終了後、たくさんのお手紙を受け取りました。どれも「長い間、ご苦労さまでした」とありました。その後に「ほんとにありがとうございました」と書かれていたのには、びっくりしました。お礼を言われるとは思っていなかったのでね。自分で思っていたよりも、良い仕事をしてきたみたいです。

自分と同じ

――〝ノッポさんの絵本シリーズ〟など作家としても活躍中のノッポさん。子どもに敬意を表し、「小さいひと」と呼びます。

小さいひとに敬意を払うのは、案外、自分が年を取ってると思ってないからかもしれません。５、６歳の小さいひとたちが、自分と同じに思えるんです。

だから、小さいひとと相まみえるとき、「こやつも私と同じ……、いや、ひょっとすると俺よりも賢いかもしれないぞ」と考えます。言葉づかいも接し方も、自分の持っているうちの最高の礼儀正しさで敬意を表します。

「どうして子どもの心を知っているんですか」とよく聞かれます。僕は子どもの心を知っているわけではありません。子どもに受けようと思ったことも、これっぽっちもありません。僕は、自分が面白いと思うようにやってきました。

幼稚園の子どもたちに紙芝居を書くとき、せりふをおとなの言葉で書いたことがあるんです。そのとき幼稚園の園長さんから「せりふもやさしくしてほしい」と言われました。でも僕は、「登場人物が子どもに合わせてしゃべるばっかりではありませんよ」と言いました。わからない言葉があれば、そばにいる大きいひとが説明してあげればいい。だって、新しい言葉を覚えた時、うれしくありませんでしたか。


——著書『五歳の記憶〜ノッポ流子どもとのつき合い方』（2004年、世界文化社）には幼い頃のノッポさんが鮮やかに描かれています。


幼い頃の私は鋭くて賢くて……。私を悲しませたり痛めつけたり無作法で思い上がったりするようなおとなにはなりたくない、と思ってきました。

子どもの頃、おとなたちとのつき合いの中で味わった悲しい記憶は、楽しかった記憶よりずっと鮮明です。

自分の小さい頃を記憶していれば、小さいひとに敬意を表することは難しくない。にがい思い出でいいんです。そのとき自分はどう対処したか。それを思い出せば、小さいひとが何を考えているか想像できます。どういう場面で喜ぶのか、怒るのか、悲しむのか、理解できると思いますよ。

本ほど楽しいものはない

――ノッポさんは東京・向島の長屋で生まれました。父は、チャプリンのモノマネで、〝日本のチャーリー・チャプリン〟といわれた元芸人でした。

戦争が始まって、岐阜に疎開しました。

戦後、疎開先で父親が押し入れからチャプリンの扮装《ふんそう》道具を出してきて、町の人の前でショーをしたことがあります。子どもの僕は、父親に向かって「お父さん、恥ずかしいからやめてよ」と言いました。そしたら父は、「私がやるとみんなが喜びます」と答えました。良い意味で、憎らしいほど芸人でした。

間がそっくり

父が28歳の頃、出演した無声映画を見たことがあります。庄屋の道楽息子役でした。主役の男女がいて、主役の女性に懸想《けそう》（恋い慕うこと）するんですよ。だけど受け入れられない。野原で絵を描いてハアとため息をついたり、ふられた女性が帰る夜道に縄でわなを仕掛けたり……。

びっくりしたのは、お芝居の間が私にそっくりなんです。おやじから芝居を習ったことはないですよ。でもそっくりなんです。やっぱり遺伝ですね。

――2005年、NHK「みんなのうた」で、おじいさんバッタにふんして「グラスホッパー物語」を歌いました。71歳の歌手デビューです。脚本、作詞、振付、主演はノッポさん。タップダンスを披露しました。

おじいさんバッタは若い頃、街に飛び出し、一人の女性に助けられます。その昔話を孫バッタに語り、若いうちにどんどん挑戦しなさいと諭すミュージカル仕立てのお話です。

タップダンスの基本は、吉田タケオ先生から学びました。でも、不肖の弟子です。（アメリカ人ダンサーの）フレッド・アステアのタップダンスに夢中だった僕は、先生が教えてくれることよりも、彼のようなダンスがやりたいと言いました。

先生は怒りませんでした。アステアとビル・ボージャングル・ロビンソン、ものすごいタップダンサーのレコードを出してきて、ステップを教えてくれました。レコードを回しては止めながらリズムを自分の足に移して……。本当にいい先生でした。

幼いころから

――長年、子ども向けにお話や絵本をつくってきたノッポさんは、読書を何より大切に思っています。

幼稚園の頃、僕が買ってもらったものといえば、月ぎめの幼年雑誌1冊でした。本は買ってもらえませんでした。配達は毎月同じ日で、その日は朝からソワソワしていました。家には岩波文庫がそろっていました。当時は岩波文庫をそろえることが、ステイタスだったんですね。

小学校3年生の時に、一回り年が離れていた兄貴の本棚から岩波文庫をおろし、夏目漱石から有島武郎《たけお》、石川啄木、島崎藤村まで、何から何まで読みました。『坊っちゃん』と『或る女』は愛読書です。子どものくせに2、3回は読んでます。

疎開先の岐阜の中学生の頃は、同級生の女の子のおやじさんの本を借りて読みました。おやじさんは、早稲田大学文学部の先生を退職した人で、その家の書庫には本がたくさんあったんです。得意そうに見せるから、僕にも貸してくれと頼みました。

すると谷崎潤一郎の『細雪』を出してきてこれが読めるか、という顔をする。仕方ないから読んでみると、面白くて面白くて、中学3年までに、その書庫の本を全部、読み終えました。

――子どもを本好きにするには、おとなが本好きになることだといいます。

いまの小さいひとは本に恵まれています。しかし、恵まれ過ぎているからか、本を読むことが軽んじられています。本はゲームやテレビと比べ物にならない大切なものだし、本の楽しさがわかったら、ゲームに夢中になるわけがない。読み聞かせも、大きいひとが面白いと思って読めば、必ず伝わりますよ。

（２０１５年３月）

俳優

鳳　蘭さん

反対押し切り宝塚入団

――宝塚歌劇団の伝説的な男役トップスター、鳳さん。全国ツアー中（2016年現在）のミュージカル「天使にラブ・ソングを～シスター・アクト～」で修道院長を演じています。ギャングに追われる黒人歌手デロリス（森公美子、蘭寿とむ＝Wキャスト）を院内にかくまいますが、型破りな彼女に大弱り……。

ご覧になりました？　とても好評で、お客様から「泣き通し、笑い通しで、疲れたわ」「修道院長はあなたしかいない」なんて光栄なお言葉をいただいています。

私が演じている修道院長は世間知らずの純粋な人です。平穏だった修道院にデロリスが来て、最悪なことばかりが起きます。でも困難に立ち向かう中、感情が触れ合って、「こんな生き方もあるんだ」と心がほどけていくんです。

演じていてとても楽しいです。各地で回を重ねてきましたから、「このせりふを言ったら、これくらい笑いが来る」とわかる。指揮者みたいに、劇場の笑いを操れる感じ。

私、「お客様は神様です」と心底思っています。だってわざわざ時間をつくり、チケットを買って来てくださるんですから、それ以上の喜びをさしあげたい。その思いは宝塚時代、いいえ、子どものころから変わりません。

ガレージで誕生

――1946年、神戸市の外国人居留区、通称「ジェームス山」で生まれました。名前は「荘芝蘭《ツエン・ツーレン》」。中国人の父母が〝芝のように強く、蘭のように美しく〟と願い、付けました。愛称「ツレちゃん」。家族は両親と兄、妹でした。

ジェームスさんという英国人貿易商が開発した山で、外国人ばかりが住む高級住宅街でした。父は、彼らのお世話をする洋服の仕立屋さんでした。

もともとは山のふもとの海辺に住んでいましたが、私が母のおなかにいる時、枕崎台風で家を流され、お客様宅のガレージに間借りしたんです。ガレージは元馬小屋。そこで生まれたから、宝塚時代は「キリスト」と呼ばれていました。(笑)

愛嬌《あいきょう》いっぱいの子だったらしく、笑顔の写真ばかりが残っているの。カメラを向けられると、いつもニコニコ。相手が喜ぶことを何かしたいと考えている子でした。

父は戦前、兄弟で日本に来て、徒弟奉公で洋裁の修業をしました。でもお兄さんが帰国する時、父は「残る」と言ったんです。戦争で国交は断絶。お兄さんとはその後二度と会えませんでした。

父の中で、遠い祖国はいつも美しかった。子どもの私によく言いました。「中国は広いんだぞ。畑のキャベツも、あっちの地平線から太陽が昇り、向こうの地平線に沈むまでずっと、日の光を浴びているんだ」って。

父も、日本生まれの母も日本語は片言でした。貧しくて、苦労したと思います。家の2本の蛍光灯を1本外して倹約していました。家族旅行などなく、年に一度、クリスマスのころ、神戸の街へ肉まんを食べに行くだけ。私が初めて映画をみたのは小学5年生でした。

母が重ねた青春

——中国人の小中学生が通う中華同文学校の最終年、友達の話で宝塚音楽学校の存在を知ります。父に内緒で受験し、合格しました。

友達が「2年間勉強したら、舞台に立てる学校なの」と話すのを聞いて、いいなあって。宝塚を見たこともないのに、受けたんです。

合格を打ち明けたら、父はすぐ「やめろ」と言いました。日本社会で苦労した父は、

「目立ってはいけない」が口癖でした。

その時、普段は父に絶対服従だった母が私に味方してくれたんです。10代で結婚して以来、ずっといろいろなことに耐えてきた母。小学1～2年生の時、私を連れて須磨の海に行き、「この海みたいな広い心を持つんやで」と静かに泣いたことがありました。母は失った青春を、私に重ねて見ていたのかもしれません。

父も最後には折れて、〝たばこを吸わない、髪を染めない〟を条件に、往復3時間かけて宝塚音楽学校へ通うようになりました。

入学すると、ショパンをすらすら弾く子や、日舞の名取など優秀な子ばかりでした。私はピアノの「ド」の位置もわからない。スターになんてなれるわけがない、とすぐあきらめて遅刻ばかりでした。歌劇団に入っても、すぐ退団して結婚しようと思いました。

舞台に届いた父の声

――64年、宝塚歌劇団入団。同年の「花のふるさと物語」が初舞台です。

私、初舞台の時に自分の眉を塗りつぶし、描き直して出ました。彫りの深い顔が嫌で仕方なかったんです。小さい時は日本人の子どもたちに「アイノコ」といじめられました。だから宝塚でも、とにかく目立たず、みんなと同じでなければと……。平面的な顔で出たかったんです。

その初舞台の時、客席から、「ここにおるでー！　ツレちゃーん！」と声が聞こえました。父でした。あんなに反対していたのに、見に来てくれたんです。うれしかった。

私は宝塚を退団するまで、お給料袋の封を切らずに、全部父に渡しました。父はそのお金をためて、私が退団する年に家を建ててくれました。毎日外に出ては、うれしそうに家を眺める父。私は、がんばってよかったと思いました。

父は99年に、母は2005年に亡くなりました。私は2人の子に生まれて、親孝行できて、本当に良かったと思っています。

◇◇◇◇◇◇◇◇◇

稽古では「へたくそ！」

落ちこぼれだと思ってた

――宝塚歌劇団入団2年目。自分は落ちこぼれだと思っていた鳳さんに転機が訪れます。

ある公演で、同級生が準主役に抜擢《ばってき》されたことです。

彼女は良い成績でしたが、一番ではない。一番の成績でなくてもいい役がつくんだと思って、変わりました。

歌劇団のレッスンは無料です。その人のやる気次第。私は公演の稽古の合間をぬって、バレエ、ピアノなどいろんなレッスンに出るようになりました。ダンスは、シャツをしぼると汗がしたたるほど練習しました。

そんな3年生（入団3年目）の公演です。舞台下からせり上がって登場する場面で、私がパッと振り向いて「サニー！」と歌った瞬間、客席がウォーッとどよめいたんです。一瞬何が起きたのかわかりませんでした。もしかして私に歓声？　信じられませんでした。

後に知りましたが、以前から菊田一夫先生は、群集の中で踊る私を客席から指さして、「次の宝塚を背負うのはあの子だ」とおっしゃっていたそうです。同じように後に「トップになると思っていたよ」といってくださる方が何人もいました。早くいってほしかった。（笑）

「復員兵」役で単独初主演

――入団6年目の70年、星組トップスターに。翌年1月末から、単独初主演の「星の牧場」で記憶を失った復員兵を演じます。戦争の痛みを伝える異色作です。

当時、児童文学の『星の牧場』がちょっとしたブームで劇団民藝も公演していました。宇野重吉先生にお会いして役づくりを教わりました。お話は難しくてよくわからなかったのですが……。（苦笑）

普段なら年明けから稽古が始まりますが、復員兵の話は宝塚でも経験がないため、稽古は12月後半からでした。

初めての台本読み合わせの時です。私がせりふを読むと、演出の高木史朗先生が「へたくそ！」と、台本をたたきつけて帰ってしまわれました。私は真っ青。お正月は、ひとり台本を読みながら、真っ暗な気持ちで過ごしました。

「星の牧場」は、戦争で心を病んだ復員兵モミイチの物語です。大切に世話した愛馬は戦争で死にますが、まだ生きていると彼は思っています。町の人は頭がおかしくなったといいます。でも彼は山の中で幻想を見て、本当はいない愛馬と幸せな再会を果たします。もし「戦争の悲惨さを表せ」といわれていたら、体験のない25歳の私には無理でした。でも傷ついたモミイチが大好きな馬といっしょにいられる幸せな気持ちはわかる気がしました。

モミイチのことを考え続け、顔を真っ黒に塗って舞台に出ることにしました。そんな顔の男役は、宝塚始まって以来じゃないかと思います。公演は好評でした。もしうまくいっていなかったら、トップを続けられなかったかもしれません。

「ベルサイユのばら」出演

――宝塚歌劇団は74年、池田理代子さんの少女漫画「ベルサイユのばら」を舞台化。フランス革命を背景に、王妃アントワネットと貴公子フェルゼン、架空の人物である男装の麗人オスカルとアンドレが愛の物語をくり広げます。

75年、私たちが1カ月のパリ公演から帰国すると舞台版「ベルばら」が大ブームになっていて驚きました。

これを逃すなと、私も出演することになりました。ただ、私がオスカルをやると、より男らしい役のフェルゼンをやる人がいない。そこで私がフェルゼンを演じ、アントワネットとの恋を描く「ベルばらⅢ」(76年公演)の脚本が書かれました。

74年から2年にわたる一連の「ベルばら」は、宝塚の歴史を変えました。

客席を甘く抱きしめて

――今は世界に知られる宝塚歌劇団ですが、舞台「ベルサイユのばら」以前は日本でも知らない人がいました。

北海道公演でのことです。駅で降りて宿に向かう最中、ひとりが先頭を歩く人に「(星組の)組長!」と声をかけました。それを聞いた町の人がびっくり。別の意味の「組長」と思ったんです。

旅館ではいくら私たちが「全員女性です」と話しても、受付の人が信じてくれない。たばこを吸っている組長を見て、「絶対、男だ」と。それくらい知られていませんでした。

ファンが殺到

――状況を一変させたのが約2年間の「ベルばら」公演です。当日券を求める行列は1キロに及び、2日間の徹夜組がいたほど。終演後は、700~800人のファンが楽屋口に殺到したといいます。

家に帰るのも大変でした。外に出る前に指輪を回して宝石を手の内に隠し、毛皮のコートの前をぎゅっと締める。6人くらいが私をガードして、「行くよっ!」の掛け声でダーッと車へ走りました。

「ギャーッ」と声が上がり、ファンにもみくちゃにされました。差し出される色紙に何とかサインしますが、急いで書くので、ただの線。それでも涙を流すほど喜ばれました。毛皮の毛は引き抜かれ、車のサイドミラーは折られ……。

――「ベルばら」に出演したトップスター4人は「ベルばら4強」と呼ばれ大人気に。

おもしろいことに、4人のファンは年齢が分かれていました。

安奈淳さんが小~中学低学年、汀《みぎわ》夏子さんが中高生、榛名《はるな》由梨さんが高校生から新人OLくらい。私は主婦でした。

これだけ人気になったのは、池田理代子先生が描いた「ベルサイユのばら」の世界に、宝塚がぴったりだったからでしょう。

「ベルばら」は、男装の麗人オスカルが登場する夢の世界。そこが、女性が男性を演じる夢の世界=宝塚に合った。宝塚の男役って、絵のように美しいですからね。

再演のたび、お客様が自分の子どもや孫を連れて来てくださり、ファンが2倍、3倍と増えていきました。「ベルばら」は宝塚の歴史を変えた宝です。

脚組むポーズ

――77年、「風と共に去りぬ」で、ヒロインを一途に愛するレット・バトラー役。男役の真骨頂を見せます。

「鳳さんをみた後は、家でなるべく夫の顔を見ないようにする」という人がたくさん生まれ、「人妻殺し」なんて呼ばれました。

演じる上で大事にしたことはただ一つ、心です。心がレット・バトラーになれば、自然と存在すべてが彼になる。相手を心から愛し、骨が折れそうなほど抱きしめました。多くの洋画で男優を見ていたからか、無意識に脚も組んで座っていました。脚を組む男役はたぶん私が最初です。

お客様は、娘役に自分を重ねて見ています。私が彼女を優しく抱擁すると、自分がそうされているように幸せに感じるのです。

だから男役は、自己中心的じゃだめ。いつも自分は陰になり、娘役をきれいに見せる。相手のすべてを受け入れ、客席全体を愛で包むから、すてきなんじゃないでしょうか。

――宝塚歌劇団は創立102年です。

女性が男性を演じる宝塚と、男性が女性を演じる歌舞伎は似ている、とよくいわれます。でも違います。歌舞伎は一生続けられるけれど、宝塚はいつか辞めなきゃいけない。私は18歳から15年在籍し退団しました。ただお客様を幸せにするために青春をささげ、次の青い芽を育てようと考えました。先輩たちから続く、そんな努力の積み重ねが、宝塚の歴史なんだと思います。

◇◇◇◇◇◇◇◇◇◇

苦しみは次の幸せのため

――1979年、33歳の時に宝塚歌劇団を退団。翌年結婚し、長女、次女を出産。娘がおなかにいる時も主演舞台に立ちました。

退団したころ、ちょうど東宝がミュージカル公演に力を入れ始め、舞台のお話をたくさんいただきました。お義母さんも、「女性も外で働くべきです」といってくれて。

育児に舞台に

舞台に出演しながら家事や育児を完璧にこなそうとしましたが、無理でした。円形脱毛症になるほどがんばったけれど、結局、6年で離婚しました。

私が仕事に出る時、娘が「ママ、行かないで！」と泣くんです。私はニッと笑顔でVサインして、「すぐ帰ってくるからね」。つらいけれど、仕方なかった。昔からのファンの方が家に入って娘を見てくれたおかげで、舞台に集中できました。

そんな時、ミュージカル「シカゴ」（85〜86年）で芸術祭賞をいただけて、本当にうれしかった。「ジプシー」（91年、文化庁芸術選奨文部大臣賞大衆芸能部門受賞）の時は、長女が「あなたは、よく賞をおとりになりました」と表彰状をくれました。

――「ジプシー」は、一番心に残る舞台といいます。鳳さんは、娘2人を持つ母親役。自分が果たせなかった女優になる夢を2人に追わせますが、娘はそれぞれに去っていきます。

ひとりぼっちになった母親がスポットライトを浴びながら、約8分間、ひとりで歌い踊るシーンがあります。寂しさを振り払うように、「すべて花開け　あたしのために」と。

その時、私、劇場と一つになったんです。

2000人のお客様の「わかるよ、あんたの気持ち」という声にならない共感の波がブワーッと押し寄せて、全部、私の子宮に収まった感じ。舞台上のエクスタシーというのかな、52年の演劇人生で、たった一度の体験です。舞台の神様に出会えた気がしました。

人生に偶然はない

――歌と踊りを組み合わせたショー形式のレビューが好きです。2008年、都内に「鳳蘭レビューアカデミー」を開校しました。

レビューのために生まれてきたと思うくらい、大好きなんです。ミュージカルはあくまで役の人物として演じますが、レビューは、私のままで歌い踊る。どこまで手を伸ばしたっていいいし、脚を上げてもいい。

――学校を作ったのには、宝塚のパリ公演（1975年）での悔しい思い出があります。

公演は大好評でしたが、着物姿でテレビ番組に出た時、いじわるなアナウンサーが、「よくこのレビューの本場に、日本人がレビューを持ってこられましたね」って。それを思い出したんです。

育てたいのは、みる人を幸せにする「華」のある人です。

いつもポジティブに考え、ニコニコといられる人。思いやりがあって、人の幸せが自分の幸せに思える人。生徒のお母さんには「笑顔いっぱいの家にしてください」とお願いしています。

――自身も前向きです。

私、人生に偶然はない、すべては必然だと考えてきました。つらい時も、今のこの苦しみはきっと次の幸せのためにあると思ってきました。そうしたら、本当に道はつながっていた。神様は最高の演出家ですね。

生まれ変わっても、また宝塚に入りたい。2人の娘を産み、同じ人生を生きたいです。

孫を宝塚へ！

――今、「決めていること」があります。

私には、孫が3人いますが、一番上の3歳の子は絶対宝塚に入れようと思います。本当は、娘たちを入れたかったんですが、別の道に進んじゃいました。今度こそは！　って。孫の役に立つかと思って、いま歌劇団の若い人に会うたび、「お名刺を！」と、せっせといただいています（笑）。将来の孫との共演ですか？　十数年後だから、私次第ね。がんばります。

（2016年12月）

俳優　宝田　明さん

◇◇◇◇◇◇◇◇◇

初の主演映画「ゴジラ」

ゴジラは同級生

――2016年、映画「シン・ゴジラ」がヒットするなどゴジラ人気は健在です。第1作の「ゴジラ」（1954年11月公開）の主演が宝田さんでした。

東宝にニューフェイス6期生で入ってから、3作目、最初の主演映画でした。台本には真っ赤な表紙に黒々と「ゴジラ」とある。興奮しましたね。僕の役は、サルベージ会社の技師で、ゴジラと相対し、その最期をみとります。シリーズは合わせて28本つくられ、僕は6本に出演しています。だからゴジラは同級生だと思っているんです。（笑）

第1作は、海底に眠っていたゴジラが水爆実験で目を覚まします。そこには、被爆国日本だから言えるメッセージがきちんと出ていました。終戦間もないのに、米ソの核開発競争が激しくなる。54年3月には、アメリカのビキニ水爆実験で日本の漁船が被災する。国民は、広島・長崎の原爆の悲劇を思い出しました。

東宝もなんらかの意思表示をしようと生まれたのが「ゴジラ」だと思います。プロデューサーの田中友幸《ともゆき》さん、監督の本多猪四郎《いしろう》さん、特撮監督の円谷英二《つぶらやえいじ》さん、そして私と、みんな戦争体験者です。

公開されると、すごい反響でね。当時日本の人口は８８００万人でしたが、９６０万人も映画館で見た。実に人口の11パーセントです。

想像して演技

――本格的な怪獣映画で、特撮もあり苦労もたくさんありました。

ゴジラの動きと、俳優が演技する本編を別々に撮影して後で合体します。どんな怪獣なのか、俳優には絵コンテしか示されない。想像して演じなければなりません。ゴジラが初めて地上に現れる場面で監督が「あの山の雲のあたりにゴジラが現れたと想像して」と指示する。いざ本番となると、俳優たちの視線が合わない。肝心の雲が動いてしまって。（笑）

ラストは海中のゴジラを、僕らが秘密兵器で攻撃します。海中シーンは大きな水槽の中で撮りました。船上の場面は巡視船を借りて撮るんですが、本物の潜水服は重い。夏場の撮影ですから服の中は50度の暑さ。脱水症状の危険がある。ワンカット撮るたびに、キャップをとって水をがぶがぶ飲む。やかんで水をかけてもらう。命綱をつけていませんから、海に落ちないように、はって移動していましたね。

――試写をみて、一人泣いてしまいました。

70人ほどの試写室で初めて映画の全容がわかりました。ゴジラは、空想上の動物ですが、人類が核実験さえしなければ、洋上に現れることはなかった。最後に、人間が開発したオキシジェン・デストロイヤー（水中酸素破壊剤）によって、海の藻くずと消えていく。ゴジラも核軍拡競争の被害者ではないか、と涙が止まりませんでした。

第二次世界大戦で何千万という尊い命が奪われました。広島、長崎で一瞬のうちに何十万人も亡くなりました。日本の戦争で無数のアジアの人々が犠牲になりました。僕も満州（現・中国東北部）から命からがら引き揚げてきた。もう戦争はこりごり。だからゴジラに同情したのでしょうね。僕は20歳でしたが、純粋にそう思いました。

「聖なる使者」

――「ゴジラ」第1作はアメリカで56年に公開されました。

アメリカ用に再編集されてしまった。アメリカの特派員が東京でゴジラに遭遇するという筋書きです。都合のいいようにカットされ、改変されてしまった。それでも観客に衝撃を与えました。90年代以降にハリウッド版がつくられますが、いまでもアメリカでは、日本の第1作が一番の支持を得ています。モノクロには、漆黒の黒もあれば薄い黒もある。山水画のようで逆にゴジラの存在感、緊迫感が際立っています。

アメリカでゴジラは「GODZILLA」と表記されます。最初の3文字は「GOD」、神です。僕は勝手にゴジラは神がつくった「聖獣」といっています。核戦争の危機を警告する「聖なる使者」だという気がしてなりません。

――「ゴジラ」の主役を機に、スターへの道を歩き始めます。

東宝は、僕を青春映画、ラブストーリーなどで売り出していきました。年間10本、13本と出演しました。当時、三船敏郎さんは黒澤明監督の黒澤組でした。彼から「宝田、おまえはいいな。そんなに稼いで」と言われました(笑)。黒澤組は年1、2本でしたからね。

その後、映画、舞台を通じ多くの先輩に学びましたが、僕の俳優人生の原点は、やはり「ゴジラ」です。

興味ゼロだったミュージカルに

「体重の移動」

――宝田さんは映画、舞台で名優たちと共演してきました。森繁久彌《ひさや》さん、高峰秀子さん……。なかでも時代劇の大スターだった長谷川一夫さんからは多くのことを学びました。長谷川先生とは、「仕立屋銀次」（１９７１年）の舞台でやっと共演できました。雲の上の存在でしたから、夢のようでした。翌年には「海を渡る武士道」でご一緒しました。常々「宝田はん、演技とは体重の移動ですよ」とおっしゃっていました。その演技は、ふりむく、立ち止まる、いずれも実に体重の移動がスムーズ。流れるようでした。

「映画でも舞台でも照明が自分にどうあたるか、わからないとだめですよ」とも言われました。先生は、立ち回りをしていても10センチも狂いなくピタッと止まる。しかも正面を向いて、いい顔をされる。ある意味、職人、匠です。

それを僕は吸収しようと懸命でした。帝国劇場の舞台が終わるとエレベーターの中とか、一緒に入る一番風呂の中で芸談議です。先生は、役どころをもっと広げなさい、とわが事のように心配してくれました。

――憧れだった山口淑子《よしこ》（李香蘭《りこうらん》）さんの引退記念映画「東京の休日」（58年）にも出演しました。

うれしかったですね。少年時代から聞いた「蘇州夜曲」「夜来香《イエライシャン》」は耳に焼き付いていましたから。

これには後日談があります。僕が東京・青山のナイトクラブで飲んでいたら、山口さんが入ってこられた。僕は、失礼にも「蘇州夜曲か夜来香を歌っていただけませんか」とお願いしちゃった。山口さんはびっくりされていましたが、舞台に上がり2曲とも披露してくれました。

あのとき録音するか、写真でも撮っておけば、といまでも残念です。

――ミュージカル出演は「アニーよ銃をとれ」（64年）が最初です。

東宝が、江利チエミと僕を共演させることにしました。チエミが演ずる女性射撃手アニーが、ひそかに恋するフランク役です。

僕は地方での映画宣伝に行った際、幕間《まくあい》に歌を披露していました。それが好評で、東宝の演劇担当重役だった菊田一夫さんの耳に入ったのでしょう。

チエミは日ごろから「そのうちミュージカルの時代がくる。お兄ちゃん（私をこう呼んでいた）絶対やりましょうよ」と言っていました。僕はずっと聞き流していました。

歌、演技、踊り

すると、僕の映画をもってアメリカ、ブラジルを訪問する機会がありました。同行した草笛光子さんに誘われて、ブロードウェイで「マイ・フェア・レディ」を見ました。僕は興味がなく、客席でうつらうつらしていたら、草笛さんに「いまいいところよ！」と、ももをつねられました（笑）。そんな僕が、ミュージカルにのめりこむなんて、本当に不思議です。

出演が決まると、チエミとともにボイストレーニングに励み、好きな酒も控えました。新宿コマ劇場で、いざ本番。オーケストラの生演奏で、毎日昼夜、33回公演しました。客席が拍手喝采で幕を下ろしてくれませんでした。

初め劇評で宝田は口パクでは、というのもあってね。本物だと分かって評価も上がり、淀川長治さんが楽屋に祝福に来ました。僕自身、子どもが新しい世界に喜々としている、そんな感じでした。

映画は公開まで時間がかかります。でもミュージカルは即、観客の反応があります。お客の前に全身をさらけ出し、2階奥の席まで声が通るように鍛える。歌、演技、踊りの三位一体でないといけない。本当に勉強になりました。

その後は、映画とミュージカルの二刀流できました。

いま考えると、歌好きは戦前、「満州」にいたときからです。

◇◇◇◇◇◇◇◇◇

満州で終戦、悲惨な引き揚げ

――宝田さんは戦前、「満州」のハルビンで子ども時代をすごしました。

父親は満鉄（南満州鉄道）の技師でした。社宅には父親の中国人の友人が遊びにきました。僕は流行歌を歌って小遣いをもらっていました。父親に連れられて、よく京劇も見ました。

わき腹に銃撃

その生活が一変します。僕が11歳の1945年8月9日、ソ連が侵攻し、ハルビンはすさまじい爆撃を受け、街を占領されました。そして終戦。上の兄2人は出征中で、姉も家を出ており、家には両親、三男の兄、僕、弟の5人でした。ソ連兵が社宅に押し入り、乱暴された女性もいました。

僕も駅でソ連兵から銃撃されました。貨車で連行されてくる日本兵のなかに兄がいないか、見に行った時です。必死で逃げて家に帰り、気がつくと右わき腹が血だらけでした。元軍医が弾を取り出してくれて助かった。その時の腹を裂く、ジョリジョリという音は、今でも耳から離れません。

翌年の日本への引き揚げも悲惨でした。

博多から実家のある新潟県村上市に列車で向かう途中、大阪での事は決して忘れません。ろくに食べていなかった時に、駅で、知らない八百屋のおばちゃんが飯盒《はんごう》に、熟した柿を4個入れてくれたんです。僕は泣きじゃくってしまった。後年、そのおばちゃんと再会しました。「役者になるとわかってたら、もっと柿をやるんやった」と笑っていましたけど。

――長兄は戦死、次兄は無事帰国しました。満州で生き別れた、三男の兄には深い思いがあります。

兄はハルビンでソ連軍の強制労働に連行されたままでした。僕らは後ろ髪をひかれる思いで引き揚げました。その兄が密航船で一人日本に帰ってきた。まだ中学生ですよ。村上で僕らと再会しますが、親に捨てられたという思いが抜けなかったのでしょう。職場でけんかして村上を飛び出し、行方不明になりました。

9条を守る信念

数年後、一家で上京したある日、近所の子が〝知らないおじちゃんから頼まれた〟とチリ紙に巻いたものを持ってきた。中に百円札が1枚あり、「これで参考書を買え」と書いてあった。僕が役者になると、封筒が届けられた。百円札が2枚入っており「明、よかったな、がんばれ」と走り書きが……。

華やかな世界にいる弟に迷惑をかけると表に出られなかったのでしょう。その後、兄と巡り合いました。北海道の炭鉱で死ぬような目に遭いながら働いていたそうです。63年の生涯でした。兄も戦争の犠牲者です。

――戦争で苦労しながら育ててくれた両親に感謝しています。

父は旧武家の出で古武士のような人でした。長男の戦死の報にも、じーっと耐えている。その顔がいまも目に焼き付いています。母は、魚の行商をしながら家計を支えていました。映画界入りを両親は喜んでくれてね。

ファンの方から「宝田さん、ファンレターに返事いただきました」とよく言われました。毎月、何百通とくるから返事を出すのは不可能です。その返事を見るとなんと父の筆跡。「お手紙ありがとう。いま○○の映画を撮っています」とありました。代筆してくれていたんですね。

――憲法を変えようとする動きに黙ってはいられないといいます。

明治から150年、日本は相次ぐ戦争で、どれだけの人間の命を奪ってきたか。この人たちの御霊にこたえるためにも平和憲法、9条があるんです。

いま安倍（晋三）首相のような戦争を知らない政治家が9条を変え、日本を戦争ができる国に変えようとしている。こんな不条理なことがあっていいのか。戦後70年は、長い歴史からみれば、ついこの間のことです。戦争をじかに経験した僕たちのような人間こそ、時代に流されず、信念を貫いていこうと思います。

（2017年3月）

報道写真家

笹本恒子さん

男にできる仕事、女にだって

居てもたってもいられない

――日本初の女性報道写真家として、戦前からさまざまな現場を取材してきました。いま取材したいのは、官邸前での安保法制や原発再稼働への抗議行動です。

足が元気だったら、きっと官邸前へ行っているわ。ああいうことがあると、居ても立ってもいられないんです。六〇年安保のときも、ほとんど毎日通っていましたから。やじ馬なんですね。(笑)

――長らく病気知らず。初めての入院は90歳のときでした。

初めての入院がうれしくて、一等室に入っちゃいました(笑)。バカみたいなことをしましたね。でも、今回は、転んで足を骨折して病院を転々。ひとり暮らしを諦め、老人ホームで暮らすことになりました。自分の足で歩いて写真を撮りに行きたいので、リハビリをしています。

心はピカピカ

――代表作は「明治生まれの女性たち」のシリーズ。1990年の春から、強い決意で取り組み始めました。

戦後に参政権を得るまで長い間、女性にはずっと権利も何もなかったのです。そうしたなか、いまのように便利な家電製品もなしに家事や子育てをしながら、絵を描いたり社会事業をしたり、いろいろな仕事をしてきた明治生まれの女性たちがいた。その努力を、大正生まれの私がどうしても残しておかなければ、と思い98人の女性たちを自力で取材しました。

櫛田《くしだ》ふきさん（日本婦人団体連合会会長）や壺井栄さん（作家）など、第一線の方たちにも会えました。壺井さんは飾り気のない方で、戦災孤児を2人も引き取り養子にしたりして偉いと思いました。養老孟司《たけし》さんのお母さんの静江さん（小児科医）もすてきな方でした。

長くお付き合いさせて頂いた画家の三岸節子さんからは、「男のまねをしなくてもいい。女性には女性特有のセンスがあるのだから」と教わりました。自分の感動を、自分の感性と視点で素直に表現しようと思いました。

女は最後まで枯れてはいけません。明治生まれの女性たちには、〝最後まで枯れない〟

方がたくさんいらっしゃいました。年齢に臆することなく恋もして、それをパワーに仕事をして。私も最後まで、心をピカピカさせていたいと思います。

戦争はきらい

――生まれは1914年。子どものころから戦争は嫌いでした。

学齢前のころです。近所で子ども向けの「日曜学校」というものができ、楽しみにしていました。後から考えると、村山知義さん（美術家、劇作家）などの帝大（現・東京大学）の左翼の人たちが開いていた学校です。

「イエスさま」のお話を聞いたり、賛美歌を歌ったりしました。でも、ある日突然、先生たちが警察につかまったと聞かされ、学校は終わりになりました。先生たちは何も悪いことをしていない、いいことをしていたのに、と不審に思いました。

小学何年生だったか、ある朝、外に出ると家の垣根に「戦争反対」と書いた赤い小さい紙がべたべた張ってありました。一枚はがして母に見せると、「みんなはがして捨てなさい。主義者のしたことだから」と言われました。

おとなたちは、「社会主義者は怖い、悪い」と言っていました。でも、私は教えられなくても戦争は人殺しで悪いんだと思っていましたから、その戦争に反対するのはいいことなのに、どうして「主義者」を悪いというのかと。これが人生で初めての「?」です。疑問がいつまでも頭に残りました。

――学生時代は、画家、作家、新聞記者を志望していました。

女学校を卒業するころ、絵描きか小説家、それがだめなら新聞記者になりたいと言ったら受け持ちの先生が驚いていました。そういう仕事は男のものという、当時の男尊女卑の風潮に納得がいかなかったのでしょうか。男にできる仕事を女ができないはずはないと私は思っていました。

絵の勉強がしたくて高等専門学校を中退し、新聞のカットを描くアルバイトをしていたときです。隣の家にいたことのある新聞記者の方に勧められ、新しくできた「写真協会」へ行ってみました。海外に写真を配信する会社で、「日本にはまだ女性の報道写真家がいない」と聞き、「それならば、私がやってみようか」と思いました。

――入社は1940年。報道写真を一から教わり、グラフ誌もむさぼるように見て学び、取材に出向きましたが1年で退職します。

父と兄に猛反対されて気弱になり、体調をくずしました。断腸の思いで退職しました。

◇◇◇◇◇◇◇◇◇

96歳で大ブレーク

――戦後、再び写真家として働き始めました。櫛田ふきさんらが結成した婦人民主クラブの機関紙の嘱託になりました。

三岸節子さんから、「婦人民主新聞」というものが出ると聞き、入りたいと思いました。フリーでの仕事もありましたので嘱託にしていただき、戦後の焼け野原を歩き回りました。スタッフは女性ばかりで、みなさん、長かった社会の抑圧から立ち上がろうという気持ちで仕事をしていました。

婦人民主クラブの初代書記長で後に委員長となる櫛田ふきさんは、憲法の本を懐に入れて歩き、誰にでも第9条を見せて、「私はこれを死守します」と言ってらした。筋金入りの方でした。

――マッカーサー元帥夫妻から炭鉱の様子まで、さまざまな対象を撮影。なかでも政治家や芸能人、作家など、第一線の人々の素顔をとらえた写真は後々も生きる「財産」に。

歌手の淡谷《あわや》のり子さんやバレリーナの谷桃子さんなど、いろいろな方を取材しました。ジャーナリストの徳富蘇峰《そほう》さんの秘書の方からは、先生のこんな穏やかな表情の写真は初めてみたと言われました。

「女性の力が強い」という新聞記事を読み、三井三池炭鉱でのストライキの取材へも行きました。婦人部を組織して、後方で、たたかう男たちを支えるたくましい女性の姿が印象的でした。

花の先生に

――1960年代に入り、雑誌の廃刊が相次ぎ、仕事が激減。オーダー服のサロンを開いたり、当時ブームになったフラワーデザインの講師になって本を出したり、写真から遠ざかった時期もありました。

画家の福沢一郎先生に絵を習っていたころ、勅使河原蒼風《てしがはらそうふう》生花展に連れて行ってもらったことがありました。ダイナミックな生け花にびっくりし、これは絵にも役に立つと思い、草月流を習いました。それが役に立ちました。

――転機は71歳。遠縁の人に求められ、50年代の写真をみせたところ、ぜひ写真展を、という話に。85年に渋谷で実現した個展は好評でした。

写真展の開催で、私自身もネガもよみがえり、写真の世界に帰ってきたのだと思いました。多くの同世代がリタイアする年での再スタートでした。

——以来、「明治生まれの女性たち」のシリーズなどの取材を手掛けました。そして、2010年に、再び転機が訪れます。

それまでは、年齢は明かさず仕事をしてきました。10年ぶりに会った人に、「今年9月で96歳になる」と言ったら、みんなにびっくりされて。「誕生日に展覧会をやろう」という話になり、9月に開催しました。会場は超満員で、取材も次から次へと。人生、いつ何が起きるかわからない、というのが実感です。

——96歳での「大ブレーク」。時の人となり数々の賞も受賞。脚光をあびますが……。

2014年11月、ベストドレッサー賞の授賞式で女優の宮沢りえさんや卓球の福原愛さんと表彰式に立ちました。その翌日、自宅で転倒し右足と左手首を骨折してしまいました。病院を転々として、家へ帰れなくなって、……。

——いまも、取材したい人が何人もいます。

画家の野見山暁治さんや、解剖学者の養老孟司さん、作家の山田太一さんにもお会いしたい。残る命短いから、あんまり欲張れないんですけれど、私の宿題です。（笑）

——そして現在も欲張って新しい本を準備中です。

タイトルは『花あかり』にしようと思っています。祖母の書いた、「花あかり　つえをたよりに　死出の旅」という句からとりました。野の草花の写真に、作家の室生《むろう》犀星《さいせい》さんなど、これまで取材した方たちや祖母、両親の思い出を書いた文章を添えたい。現在は、この方たちの思い出を書いているところです。

（2015年10月）

映画監督

周防正行さん

「それでもボクはやってない」に込めた思い

生きることは表現すること

――映画「それでもボクはやってない」（２００７年）で痴漢事件を取り上げ、刑事裁判の問題点を描いた映画監督の周防正行さん。刑事司法改革の法制審特別部会委員もつとめました。映画人生の歩みとともに、国会で審議中の共謀罪法案（２０１７年６月15日可決、7月11日施行）について聞きました。

一人の市民として共謀罪には大反対です。共謀罪ができれば、「私たちが何を考えているのか」を国家が常に監視する社会になるからです。

起きてもいない事件の〝謀議〟を捜査するのですから警察は当然、尾行や盗聴など内偵するでしょう。メールやフェイスブックなどあらゆる通信手段が監視対象になります。

自分が何かをしようとした時、政府からの、権力からの〝何か〟を恐れてやめておこうとなる。私たちは、広い意味でいえばみんな表現者です。生きていること自体が表現することです。共謀罪はすべての人にとって最悪の法律です。

共謀罪を立件するには、〝謀議〟に加わったと思われる人の自白や密告が重要になります。密室の取り調べで自白の強要がおこなわれ、冤罪《えんざい》が増えることは容易に予測できます。

「自分は悪いことはしていないから関係ない」という人もいるでしょう。しかしその人が参加している団体を警察が危険と推測したら、団体のメンバー全員が捜査対象になります。隣のビル建設に反対しているマンションの管理組合さえ、組織的威力業務妨害を共同目的とする組織的犯罪集団とマークされる可能性があります。

あらゆる活動が抑制され、萎縮する社会になってしまう。それが本当に幸せな社会でしょうか。

根本に怒りを置いた作品

――映画「それでもボクはやってない」では、日本の刑事裁判の現状を告発しました。

きっかけは、2002年12月に朝日新聞で読んだ、痴漢冤罪事件の記事でした。高裁で逆転無罪になってよかった。でもどうしてこの証拠で一審有罪になったのか、ぼくには不思議でしようがなかった。

それまで僕は「疑わしきは被告人の利益に」という刑事裁判の原則が実現されていると思っていました。しかし現実の刑事裁判は違うのではないか。そう思い取材を始めました。

元被告人や弁護士に話をきくと、証拠がなくても、被害者の証言だけで有罪になると知り、驚きました。

痴漢事件の多くは、罪を認めれば即日釈放されて罰金刑で終わりです。でも当時は否認すれば起訴され、法廷で被害者証言が終わるまで、4、5カ月も勾留される。長期勾留捜査を「人質司法」というそうですが、おかしいと思いました。しかも刑事裁判の有罪率は99・9パーセント。裁判になるとほとんどが有罪判決というのですから驚きです。こんな状況で共謀罪ができたら、大変なことになりますよ。

裁判の現実を知るため、法廷の傍聴に200回以上行きました。法律書も片っ端から読み、疑問があれば専門家に聞き、3年かけてシナリオを書きました。この映画をつくった原動力は、日本の裁判の現実をきっと誰も知らないだろうということです。

その点では、それまで僕がつくった映画と同じです。下位リーグの学生相撲を描いた「シコふんじゃった。」(1992年)、社交ダンスの「Shall we ダンス?」(1996年)。いずれも自分が知らなくて驚いたことが撮影の原動力でした。

それらは「こんなおもしろい世界がある」「こんないとしい人がいる」という喜びの驚きでしたが、「それでもボクは〜」は「こんなひどいことがある」という怒りでした。ぼくにとって創作の根本に怒りがある初めての作品でした。

取り調べの取材で

——警察・検察の取り調べ、当番弁護士の面会、支援者たちによる事件の再現ビデオづくりなど、映画は細部まで取材の成果に基づいています。

実際の警察署にも見学に行き、取調室なども見せてもらいました。署長の奥さんが「Ｓｈａｌｌ　ｗｅ　ダンス?」の大ファンだそうで、署長と一緒に記念写真も撮りました。あとで警察や裁判所批判の映画ができたと知ったら、どう思ったでしょう。

留置場は、収容されている人の人権があるので見られませんでした。マスコミに公開した時の資料があったので、それを参考に撮影しました。

苦労したのは、検察庁の地下にある、取り調べを待つ部屋「同行室」のシーンです。各留置場から送られてきた人が、約3畳の部屋に8人ぐらい座らせられて、全員の取り調べが終わるまで一日中帰れない。これ自体が拷問みたいなもので、人権蹂躙《じゅうりん》だと思いますが、誰も問題にしていませんでした。

体験者に聞いて「同行室」の構造や色合いを再現しました。後に、法制審議会の委員になった時に見学し、映画とそっくりだったのでホッとしました。

痴漢事件の映画という企画情報が流れたときに、痴漢被害者の母親から「痴漢を擁護する映画をつくらないで」という手紙がきたんです。こういう誤解が起きるのは怖い。映画の最初に、痴漢被疑者の弁護を断る女性弁護士を登場させるなどして、誤解されないように気をつけました。

――映画の冒頭に「十人の真犯人を逃すとも一人の無辜《むこ》を罰するなかれ」という言葉が出てきます。

こういうと、「真犯人を逃してもらっては困る」という人が必ずいます。でも、過去の裁判で多くの過ちを犯してきた到達点が、この格言なんです。

この映画を作ったおかげで、刑事司法改革に関する法制審特別部会の委員を頼まれ、引き受けました。

その会議でも警察の人は、「もちろん無実の人を罰することは許されないが、だからといって真犯人を逃すわけにはいかない」と主張しました。でも、それを言ったらおしまいなんです。それをわかった上での、だからこその格言なのです。犯人を逃すわけにはいかないという強い使命感が、逆に犯人をでっち上げてしまう怖さをはらんでいるのです。冤罪は、無実の人を罰する上に、真犯人を逃すことにもなるという二重の罪なのです。

◇◇◇◇◇◇◇◇◇

バーに押しかけ弟子入り

見る側から作る側に

――1970年代後半、大学で映画評論家の蓮實《はすみ》重彦さんの授業を受けたことが、映画監督を志すきっかけでした。

僕が教わったのは「あなたたちは映画を見ていない」ということです。

課題の映画を見て授業にいくと、最初の質問が「何が映っていましたか」なんです。それは映画のテーマや物語ではなく、単純にスクリーンに何が映っていたかなんです。「山が映っていました」「円盤状の飛行物体が映っていました」と、片っ端から挙げていく。そうすると、「あ、そういうものがあったのか」と、人の話で初めて気づくものがありました。

それまでは映画からいわゆる人生を読み取ろうとしていたんです。だから「まず映っているものを見なさい」という教えは本当に「目からうろこ」で、すごく自由になった気がしました。

とにかく映画が好きで、浪人中も名画座に通い、受験勉強より映画を見る時間の方が圧倒的に長かったくらいです。でも映画は何か深い哲学がないとつくれない、自分のような何もない人間には無理だと思っていました。だけど、見たいものを撮るんだったら「僕でも映画を撮っていいんじゃないか」と思ったんです。それが見る側から作る側に回る転換点だった気がします。

――映画会社はどこも斜陽で新規採用もないなか、偶然のチャンスがめぐってきました。

立教大学のOBの劇団を手伝っていたんですが、そこに出入りしていた女優さんから「アルバイト先の店に、高橋伴明《ばんめい》さんがよくくるよ」って聞いたんです。高橋伴明さんはピンク映画の監督でしたが、ぼくはその映画をよく見ていて、大好きだった。

そこで新宿ゴールデン街のバーに押しかけて、伴明さんに「助監督にしてください」って頼んだら「ああ、いいよ。秋からきなよ」と。大学4年の9月から働きだしました。

生涯で一番忙しかったのが助監督時代です。休みなんてないし、何でもやらなければいけない。撮っていた映画は予算もないし、スタッフが少ない。小道具、衣装、記録から、車の運転、アフレコ、編集助手まで全部やりました。これが非常に勉強になりました。

親には言わず

──親には「教育映画を作っている」と言っていました。

いまは親もいろんな情報で知っていると思うけど、いまだに自分から言ったことはありません。

親がすごいと思うのは、大学を出たのに一般企業に就職もせず好き勝手なことをしていても、一言も小言を言わなかったことです。

父親は国鉄勤務でした。僕は39歳で結婚するまで実家にいて、ただ飯を食っていました。お金がないからです。とんでもないフリーターですよ。

28歳で監督デビューして、30歳でテレビドラマを撮ったときは、初めて親孝行できたと思いました。

ドラマは柄本明さん主演で、7月最後の日曜日の午後3時半から放送したんです。それを父親といっしょに見ていたら、クレジットタイトルのところで父親がカメラを取り出し、僕の名前を写真に撮ったんですよ。ようやく自分の子どもが何をやっているか、自分の目で見たわけです。

──テレビドラマに続いて、思いがけない仕事が舞い込みます。

僕の監督デビュー作を伊丹十三監督が見て面白がってくれたんです。その縁もあって、映画「マルサの女」（1987年）のメイキングビデオ「マルサの女をマルサする」をつくることになりました。

それまで僕が知っていたのは予算300万円以下の映画でした。メイキングの監督として、初めて数億円規模の日本映画のメジャー作品の現場を、最初から最後まで見ることができました。これは本当に大きい経験でした。

◇◇◇◇◇◇◇◇◇◇

「シコふんじゃった。」の原動力

――伊丹十三監督の映画「マルサの女」に続いて、「マルサの女2」（88年）のメイキングビデオも手がけました。

伊丹さんの映画作りからは本当に多くのことを学びました。

例えば「企画で一番強いのは、誰も知らないことを見せることだよ」といわれたことがあります。

みんながすでに知っていることを取り上げて、それを面白がってもらうには、今までと違う角度から何か引き出さないといけません。それは本当に難しい。だけど、みんなが知らないことだったら、見せるだけで驚いてくれる。「なるほどね」と思いました。

それは僕のその後の作品につながっていると思います。「ファンシイダンス」（89年）の若い僧侶の修行の話も、「シコふんじゃった。」の学生相撲の下位リーグの話もそうです。

「わからないなんていわせない」

――しかし「ファンシイダンス」（本木雅弘初主演）は興行的にはふるいませんでした。

伊丹さんには「どこからどこへ行く映画なのかわからない」と言われました。要するに、主人公がどう行動して、どう成長したのか、はっきりした物語のゴールがないと。「良くも悪くも日本映画だね」とも言われました。「アメリカ映画にはかなわない」という批判です。

あれはけっこうカチンと来ました。伊丹さんはあの頃の低迷した日本映画の中で、唯一ヒット作を作っていた人です。そうやってアメリカ映画と勝負できる日本映画、とくに娯楽映画をつくらなきゃいけないという思いがあったと思います。それをたぶん僕にも期待していたんです。

「そんなことというんだったら、作ってみせる」という反発心がおきました。「今度は伊丹さんにもわからないなんていわせない」と。

――それが出世作「シコふんじゃった。」につながりました。

前作のモックン（本木雅弘さん）が素晴らしかった。だから主演はモックンにして、モックンで人を呼ぶにはどうしたらいいかを考えたんです。それで、裸にしたら話題になるんじゃないかと思って、「相撲なら裸になるな」と。

大相撲に弟子入りする話も考えましたが、関取を演じられる役者がいない。

それで学生相撲を取材してみたら、AクラスからCクラスに分かれていて、Cクラスになると、大きくもない普通の学生が、まわしをしめて、情けない相撲を取っている。これなら日本映画でもやれると思いました。

しかも弱小相撲部が勝っていく、こんなわかりやすい話はない。相撲はアクションですし、裸という「形」で個性を見せることができるので、映画的要素も申し分ない。これはいけると確信しました。

現実とリンク

――映画でモックン率いる教立大相撲部は、3部リーグで優勝し、2部昇格をかけて最後の団体戦に臨みます。その場面の撮影では、知られざる苦労がありました。

部員がけがをして、かわりに相撲部の女性マネジャーが決意して、まわしをしめて土俵に上がるという話なんです。

ところが、その役にオーディションで合格した梅本律子さんが撮影当日になって「できない」と尻込みして、大変な騒ぎになったんです。女性スタッフが必死になだめ、説得して撮影現場に連れてきてくれました。ありがたかったです。

彼女が本当に髪をひっつめて、胸にさらしをまいて、まわし姿で現れたときには、ほかの役者の顔つきが変わりました。撮影現場の雰囲気が一瞬で変わったんです。

脚本の狙いは、彼女が土俵に上がった姿を見て、部員みんなが感動し、絶対に勝つんだと心が一つになるというものでした。撮影では、現場の役者がみんな本当にそうなりました。まさにドキュメンタリーみたいな感じでした。

◇◇◇◇◇◇◇◇◇

ハリウッドも認めた「Ｓｈａｌｌ　ｗｅ　ダンス？」

かります。

――「シコふんじゃった。」につづいて、映画「Ｓｈａｌｌ　ｗｅ　ダンス？」にとりか

ある日、電車の窓から、雑居ビルの窓にあるダンス教室の文字が見えたんです。「社交ダンスしている人なんて一人も知らないけど、ダンス教室は結構ある。どんな人が行っているんだろう？」と。電車の窓から社交ダンス教室が見えて興味を持ったというのは、役所広司さんが演じた杉山と同じですよ。

サラリーマンの冒険物語

あの窓辺に美しいダンス教師が立っていたら、電車から毎日見ているサラリーマンは、「きれいだな」とか「あの人と踊ってみたいな」と思うこともあるんじゃないか。そう思って、社交ダンスの取材を始めました。

最初に有楽町の東宝ダンスホールにいったら、「これが日本人か」と思うくらいみんな個性的なんです。（喜劇俳優の）由利徹さんがいっぱいいると思いました。竹中直人さんと渡辺えりさんのキャスティングはすぐイメージできました。

ダンス教室に通う人たちの憧れは、イギリスのブラックプールで開かれる全英選手権に出ることなんです。「あの雑居ビルの向こうにイギリスがあった」というのも驚きでした。電車を降りてダンス教室という知らない場所に足を踏み入れたら、どういう世界が広っていくか。そういうサラリーマンの冒険物語が、この映画のテーマだったんです。

――撮影で妥協はしませんでした。

ダンスホールのセットを作るのは費用的に無理だから、どこか借りてくれといわれても、適当な場所がない。だから「絶対にセットでなければ撮れない」とプロデューサーとケンカして、半ば脅して実現してもらいました。

映画をつくっているときは、とにかく自分が目指す世界を表現するために必死です。そのためにあの手この手を考えます。

イギリス・ロケも絶対必要だと主張しました。現地ではプロのダンサーにエキストラも頼んで、衣装も場面の年代に合わせてそろえてもらいました。

それで製作費は4億5000万円。「シコふんじゃった。」の倍以上かかりました。

――「Ｓｈａｌｌ～」は日本アカデミー賞13部門を独占するなど映画賞を総なめ。さらにアメリカでも大ヒット。いまもアニメとゴジラをのぞく日本映画のアメリカでの歴代興行収入1位です。

実はアメリカは日本映画のオリジナル作品を、商業的な規模でなかなか公開してくれません。日本映画でも韓国映画でも面白い映画があったら、そのアイデアだけもらって、アメリカ資本で映画をつくってもうけるというやり方をしているんです。

当時は日本映画がアメリカで公開されるとき、ほとんどが、ニューヨークとロサンゼルスの外国映画専門の映画館だけの上映です。

「Ｓｈａｌｌ～」はそれと違いました。作品を気に入ってくれたアメリカの配給会社の手で、全米各州で公開されました。彼らがつくった予告編を見ると、日本語が一回も出てこない。外国映画だとわからないようにつくってあるんですよ。

「Ｓｈａｌｌ～」が幸運だったのは、オリジナルの日本映画が公開されて、その後で、ハリウッドでリメークされたことです（リチャード・ギア主演）。

いまや世界的にはリメークを見た人の方が多い（笑）。それが日本語映画の宿命ですが、もう少し状況が変わってほしいですね。

ライフワーク

――今後は……。

まだ具体的にはありませんが、裁判官や裁判員制度など、司法に関するテーマは今後もやりたい。僕のライフワークです。

それから、一般的に考えられる「娯楽映画」とは違って、明確なストーリーもなく、ジャンルもはっきりしない、だけど何だかわからないけど面白いといわれるような娯楽映画を作ってみたい。

映画にはまだ新しい可能性があると発見できたらうれしいですね。

（2017年5月）

漫画家

山本おさむさん

福島暮らし10年

——10年ほど前、仕事の疲れをいやすため、自然豊かな福島県天栄村に移住しました。ところが、東日本大震災と東京電力福島第一原発事故で生活が一変しました。

２０１１年3月11日、私は埼玉の仕事場に、妻は天栄村の自宅にいました。翌日、福島原発１号機が爆発し、あわてて妻は犬のコタを連れて、埼玉に逃げてきました。事故が起きるまで私は、原発に何の関心も持っていませんでした。国の原発推進政策を事実上容認していたんですよ。

だから事故が起きても最初は、原発のことも放射能のこともまったく知らなかった。天栄村についても政府や原発推進派は〝安全だ〟といい、原発に批判的な人たちは〝ここは危ない〟という。私はどっちが正しいのか判断がつかなくて、毎日「帰らないほうがいい」「いや心配しすぎだ」と気持ちが揺れ動いていました。いっそ自宅を売ろうかなと思ったこともあるほどでした。

事故は現在進行中

――「しんぶん赤旗　日曜版」連載「今日もいい天気」は、２００９年にコミカルな第１部「田舎暮らし編」から始まりました。しかし原発事故の翌１２年にはじめた第2部は、埼玉に自主避難しながら、「原発事故編」として連載しました。ときに政府や東電への怒りもほとばしり、反響を呼びました。

「今日もいい天気」はエッセー漫画です。だから第1部では、自分の田舎暮らしの失敗や発見をネタに、笑える漫画を描きました。

ところが、原発事故で自分が自主避難することになった。第2部は話が全然変わりましたが、それは意図したわけではなく、原発事故があったからです。原発事故があったのに、なかったような漫画は描けません。

「原発事故編」を描くのは本当に疲れました。最後は腰痛が爆発して動けなくなった。整形外科にいったら、レントゲン写真を見た先生が、「背骨の変形がひどい」と驚いたほどです。

でも漫画を描くのに疲れたのではありません。原発事故が現在進行中なので、漫画のラストが見えない。その精神的なストレスで疲れたのです。

漫画では放射能のこと、食べ物のこと、健康のことなどを扱いました。非常にデリケートな問題で、専門家の意見が分かれていた問題もたくさんありました。しかし当時、私たちはそういうなかで生きていたんです。だからそこから逃げるわけにいきませんでした。

漫画にも描きましたが、原発事故後、コタの声が出なくなったり、コタが鼻血を出したりしたことがありました。妻が口内炎になったことも。低線量被ばくの影響ではないかと思いましたが、その〝証拠〟はない。だから漫画では、客観的に放射能の影響かどうかは断定できないという意見をつけました。

それでも漫画を読んだ福島の人から「(被曝《ひばく》の影響の)証拠を出してみろ」とか「読んで悲しくなった」などの手紙が来ました。事実は譲れないけれど、事故で傷ついている福島の人たちの傷口に塩を塗るようなことをしてはいけない。そこは本当に悩みました。

――連載のクライマックスを描く際には、福島第一原発の所在地である大熊町を訪ねました。

漫画にも描きましたが、大熊町の田んぼは草ぼうぼう。新築の家には誰も住んでいない。全住民がいまでも町外で避難生活を送っています。町の大半が帰還困難区域に指定されています。

事故前と違って、私はいま原発再稼働には絶対反対です。原発は事故が起きたら、人々の生活を根こそぎ破壊します。発電方法としては、リスクが大きすぎると思います。

みんな忘れていない

――「今日もいい天気」は1部・2部を合わせて日本漫画家協会賞特別賞を受賞しました。

漫画家が選ぶ賞なので、同業者の仲間に評価してもらえたのはうれしかったですね。当時の商業誌は原発問題についてびくびくしていて、とても描ける雰囲気ではありませんでした。「赤旗日曜版」で自由に描かせてもらったのはありがたかったです。日曜版なしには描けなかったと思います。

――「今日もいい天気」の連載も、いよいよ2017年から第3部がはじまります。

来年の「完結編」では、今の福島とわが家の暮らしを報告したいと思っています。自分の体験だけでは狭いので、原発事故の被災者らが国と東京電力に原状回復と完全賠償を求めた裁判の傍聴にも行き、取材をしています。

4年前に「原発事故編」を描いたときは、みんながすぐ忘れるのではないかと心配していました。だから連載の最後に「今度こそ忘れるな」と書きました。

でも、最近の鹿児島や新潟の知事選結果を見ると、みんな原発事故のことを忘れていないことがはっきりわかりました。本当に心強く、明るい希望を感じます。

デビューを目指した長崎時代

――生まれ育ったのは、長崎県諫早《いさはや》市。漫画が好きで、絵の上手な子どもでした。

小学生の時から貸本屋に入り浸って、好きな漫画の絵を描き写していました。

中学の時に親を拝み倒して、石ノ森章太郎の『マンガ家入門』を買ってもらったんです。漫画の描き方が細かく書いてあって、読みふけりました。それまでは鉛筆で書いていましたが、ペン入れというのも初めて知りました。

マンガ好きの友達と3、4人で手書き漫画の回覧雑誌をつくって、すごく楽しかった。それで漫画家っていいなあと、中3の時に『COM《コム》』という漫画雑誌の新人投稿コーナーに応募したんです。でも、かすりもしませんでした。

すぐ上京して漫画家に弟子入りしたかったんですが、親に言われて仕方なく高校へ。普通高校より漫画を描く時間があると思って工業高校に行きました。

定期代を映画に

――高校では漫画家になることばかり考えていました。

『マンガ家入門』に「漫画以外の勉強も大切」「とくに映画を見なさい」と書いてありました。でもお金がありませんでした。うちは母子家庭で、母は一日中、和裁の内職をしていました。お小遣いなんてもらえない。それで映画を見るために、定期券代を使っちゃった。(笑)

それで月に映画を2、3本見られたけれど、定期券がないから、学校まで2時間以上歩かなくてはいけない。毎日遅刻して1時間目の授業に間に合わない。1年生の最後に留年しそうになり、追試を受ける羽目になりました。

2年生になったら奨学金をもらえたので、定期券代を使い込まずに済みました。遅刻せずにすんだのは奨学金のおかげです。

――思い出に残る先生がいます。

学校の先生はだいたい漫画が嫌いなんですよ。中学では回覧雑誌を取り上げられました。でも高3の担任の先生はいい先生で、ぼくの漫画家志望を理解してくれました。「『少年マガジン』新人賞の応募作品を仕上げるために、明日から1カ月学校を休みます」と言ったら、目をつぶってくれました。

谷川先生といって、共産党の候補者の谷川智行さん（衆院比例東京ブロック）のお父さんです。

「今日もいい天気」の連載を始めた時、谷川先生から電話がきました。「山本君、日曜版に連載始めたんだね。今度うちの息子が共産党から立候補するんだ」と言われてびっくりしました。ぜひ当選してほしいですね。

少年誌ではダメ

――高校卒業後上京。しかし、なかなかデビューできませんでした。

新人賞は最終選考に残って「意外といけるかも」と。でもそのあとは全然ダメ。少年誌に持ち込んだら「作品になってませんね」と言われ、しばらく少女漫画のアシスタントをしていました。

アシスタント先で前の妻（漫画家の故久木田律子）と知り合いました。彼女はもうデビューしていて、稼ぎがよかったんです。ぼくは彼女のストーリーの相談相手でした。このまま食べさせてもらいながら、自分は好きな漫画を描くのもいいなと思ったんです。

ところが彼女が重い膠原病《こうげん》になってしまった。国指定の難病です。ぼくが働かないと干上がってしまう。あせりました。

少年漫画はダメだといわれたので、少女漫画の編集部に行きました。でも男の漫画家は歓迎されない。「才能ある少女漫画家は20歳までにデビューするもの」といわれ、24歳のぼくは相手にされませんでした。

もう青年漫画しかないと、『漫画アクション』（双葉社）に持ち込みました。そうしたら、連載作家が急な事情で描けなくなったので、穴埋めに載せてもらえました。

幸い評判がよかったらしく、短編を数編書いた後、週刊の連載を任されました。でもそれが地獄の始まりでした。

タブーに反発、障害者を描く

締め切りに追われ

――デビュー早々の1981年、高校生が主人公の青春漫画「ぼくたちの疾走」の連載を、『漫画アクション』で始めました。

いきなり週刊誌の連載で大変でした。アシスタントも3人頼みました。連日泊まり込みです。締め切りに追われ、24時間机にかじりつきっぱなし。たばこを買う時以外、外出もできません。漫画を描く合間に、机でうとうとする程度で、まともに布団で寝られませんでした。

髪の毛が抜け始めたのもその頃です。

つらくてつらくて、2年目に逃亡しました。神経が参って、ストーリーが思い浮かばない。アシスタントに「悪いけど、オレ逃げるわ」といって、池袋の安ホテルにひきこもりました。

妻から電話が来て「編集部の人が『自殺するんじゃないか』と心配しているから、出てきた方がいいよ」といわれ、戻ったんです。

クビを覚悟していましたが、意外に怒られませんでした。少し休んで、また連載を続けさせてもらったので、今度は逃げずに最後まで描きました。週刊誌は本当にきついんですよ。

スランプに陥り

――「ぼくたちの疾走」はテレビドラマにもなる大ヒット。しかし、その後はスランプに陥ります。編集者の提案で高校野球をテーマに描くことになりました。資料を探す中で、

1冊のノンフィクションに出合います。戸部良也《よしなり》さんの『遥かなる甲子園』です。沖縄にある、ろう学校高校野球部の実話です。障害児学校であることを理由に、最初、高野連への加盟を認められませんでした。しかし、関係者の粘り強い努力と世論の後押しで加盟を勝ち取り、県大会に出場したんです。

読み終わって「これはいける」と思いました。ところが漫画界では当時、障害者を描くことはタブーだったんです。『漫画アクション』の編集長の反応も否定的でした。なぜ障害者がいけないんだ、とぼくも意地になりました。当時の妻は難病で人工透析をしており、障害者手帳を持っていました。「障害者はいけない」といわれると、妻を否定されたような気がしたんです。

「ダメなら他誌に行く」と〝おどし〟、1年だけの約束で連載が決まりました。難しいテーマであることはわかっていたので、ぼくとしても賭けでした。障害者団体から激しい抗議がきたら、ペンを折らなければいけないかもしれない。背水の陣でのぞみました。

差別を知って身もだえた

——連載の準備のため、聴覚障害者のことを一から勉強しました。

関連書も普通の書店にはあまりなく、聴覚障害者団体の事務所にも買いに行きました。それらを読みあさってびっくりしました。

話の輪に一人だけ入れず、結局学校も職場もやめた人。「血が汚れる」と相手の親に結婚を反対された人。耳が聞こえないだけで、どれだけ社会から虐げられてきたか。現代の日本でこんな差別があるのか、と身もだえする思いでした。

最初は、セリフを手話に変えるだけで、普通の野球漫画と変わらないと思っていました。でも、資料を読んで、これはろうあ者問題を象徴する話だと認識が変わりました。

原作のノンフィクションは、親や教師、とくに野球部監督の聞き書きでできていました。このまま漫画にすれば主人公は監督になります。

漫画の「遥かなる甲子園」では、主人公を聴覚障害児たちに変えました。障害者は保護されるかわいそうな人と思っていましたが、そうではないことを知ったからです。状況を変えるために行動するエネルギッシュな人たちでした。

漫画で手話を描くために、地元の手話サークルにも入りました。

１９８８年に連載を始めたら、３回目で映画化の話がきて驚きました。ろうあ者からもたくさんの激励が来ました。おかげで連載も2年半に伸び思う存分描けました。

ろう重複児を描く「どんぐりの家」

――代表作「どんぐりの家」は、1993年から『ビッグコミック』（小学館）に連載されました。

きっかけは、ろう重複障害児とその親たちの苦悩と喜びを描き、大変な反響を呼びました。地元の手話サークル活動で出合った1冊の手記です。ろう重複障害児の親と教師が苦労の末に、小さな共同作業所をつくった体験をまとめたものです。

ろう重複というのは、聴覚障害だけではなく、知的障害、肢体不自由、自閉症などの障害を、二重、三重に持った重度の障害者です。

ろう重複障害児は言葉で意思疎通ができません。泣いたり暴れたりしても、その理由がわからない。学校でも問題を次々起こすし、卒業しても働くところがない。そういう子どもを抱えた母親たちの話に大変ショックを受けました。ぜひ漫画にしたいと思ったのです。

『ビッグコミック』から連載の話があった時に、「いまやるならこれしかない」と提案しました。

編集部は意外とあっさり認めてくれました。編集長が「ほかの人なら躊躇《ちゅうちょ》しますが、山本さんには『遥かなる甲子園』の実績もある。どんな作品が出てくるか見てみたい」と言ってくれたのはうれしかったです。

主人公は誰か

——第1話。娘の圭子が2歳になり、病院で聴覚障害と知的障害があることがわかる。両親が圭子に振り回され、母親が「なぜ私にだけこんな子が……」と苦しむ姿を描きました。

「どんぐりの家」の最大のポイントはこの第1話でした。

締め切りに追われて書ける作品ではないので、シナリオも練りに練って、30ページの完成原稿を、2週間以上前に編集担当者に渡しました。
2、3日して担当者から電話が来て、「何か足りない気がする」というんです。でも具体的にどこかというと、「伝わる力が弱い」とか「お父さんの気持ちが伝わりづらい」とか曖昧《あいまい》なんです。ぼくもプロとして自信があるから「読み方が間違っているんじゃないの」と最後はけんかになりました。

翌日、あらためて読み直したら、確かに物足りないんです。全然インパクトがない。でもどこが悪いのかわからない。これには困りました。

はっと思ったのは、圭子ちゃんが全然描けていない。障害当事者を主人公にするのが、僕のこれまでのコンセプトでした。でも圭子ちゃんは意思疎通ができないから、と主人公にしませんでした。苦しむお母さんやお父さんのアップばかりで、当事者の圭子ちゃんの絵は小さい。やっぱり主人公を圭子ちゃんにしなければと思いました。

急遽スタッフを招集して、後半10ページを全部描き直しました。ぜんそくに苦しむ圭子ちゃんの顔を大きく描き、お母さん、お父さんが娘の言いたいことを必死に理解しようとする。全然違うシーンに変わりました。

普遍性を持たせる

――重いテーマを漫画にする上で心掛けていることがあります。

商業誌で障害者問題を描くためには、漫画として成功しなければなりません。でも、問題を告発して訴えるという姿勢では、成功の可能性が低いんです。

大事なのは普遍性をどう持たせるかです。

聴覚障害児教育を描いた「わが指のオーケストラ」は、学園漫画をめざしました。「どんぐりの家」は子育て漫画です。障害者に関心を持つ人は少なくても、子育ては誰もが体験する普遍的なテーマですから。

――いま東日本大震災での障害者を描く映画に取り組んでいます。

震災の時「障害者が消えた」と言われたんです。自閉症や知的障害の人は集団に入るとパニックになるとか、いろいろな理由で避難所に行けなかったからです。

アニメ「どんぐりの家」と同じプロデューサーです。ぼくはシナリオを引き受け、取材も何度もいきました。新年から「赤旗」日曜版の連載もあるし、いま超忙しいんですよ。

（２０１６年11月）

劇作家・演出家・俳優

渡辺えりさん

いじめられた少女時代

実体験を基に

――主宰する「オフィス３〇〇《さんじゅうまる》」で、２０１７年１月18日から渡辺さんの新作劇「鯨よ！私の手に乗れ」を上演します。

若いころ同じ劇団にいた役者たちが、年をとって同じ介護施設に集まり、昔、上演するはずだった作品の稽古にとりくむという話です。

いざ稽古をしても、せりふが出てこなかったり、体が動かなかったり。ドタバタで幻想的な物語です。老いや友情について考えてもらい、最後に希望が残ればと思います。

モデルの一人は、数年前に介護施設へ入った私の母です。実体験を基に、今の高齢者問題を作品にしました。

――芝居には、「入所者の個性や都合に合わせていたら、この人数じゃやれません」という介護士の嘆きも登場します。

母が最初に入ったのは、言葉は悪いけれど、規則ばかりの〝収容所〟みたいな施設でした。

介護士さんは24時間勤務で疲れきり、笑顔がない。髪を短く刈られた母が、感情を失っていくのを見るのがつらくて、泣いて抗議したこともありました。

耐えかねて２０１５年、母を違う施設に移したら、みるみる病状が回復していきました。少人数で介護士さんにゆとりがある。母の好きな刺繍や書道も自由だし、人生の先輩として、人間的に接してくれる。母は笑顔を取り戻し、２０１６年夏には、山形から東京へ観劇に来るまでになりました。

やっぱり人間って、大事にされ、生きる目的ができると、回復しますね。私たちもすぐに老います。どうしたら、年をとっても誰もが生き生きと生きられるかを、今のうちに考えなきゃと思います。

人間はみな平等

――高齢者問題を考えるにつけ、心配になるのは社会的弱者に冷たい風潮といいます。

私は、人間はみんな平等で、誰もが尊ばれなければならない。格差をなくし、弱者にあたたかくするのが、社会の当然のあり方だと考えてきました。

でもトランプさん（アメリカ大統領）をはじめ、それと正反対の考えの人が世界のリーダーになっています。「不法入国者が仕事を奪っているから、国境に壁を造る」なんて過激な発言が支持される。戦争の前って、必ず弱者の差別・迫害が起きるでしょう。恐ろしいです。

私が小さいころに読んだ手塚治虫さんの漫画では、大抵、貧しい人がお金持ちにいじめられても、努力して助け合い、最後は幸せになりました。〝真理は弱者にある〟という考えが、とくに62歳の私世代には常識だと思っていたら、安倍さん（首相）も同い年なんです。（笑）

私には、どうしても、トランプさん的発想がわからないんです。テレビで、6兆円の資産を持つ80代の米国の富豪を見ましたが、使い切れない富の一部を社会に回せば、大勢の貧しい人が助かるのにどうしてしないの？　と思っちゃう。ましてや〝戦争でも、もうかればいい〟なんて考えは理解不能です。

私は自衛隊の人に会った時、「死なないでください」といいました。自衛隊員だから死んでも仕方がないなんてことは絶対にない。彼らは、家族や日本を守りたくて入隊したと思う。南スーダンへの派遣は本当に心配です。

「演劇は楽しいな」

――演劇人として平和で格差のない世界を訴えてきました。原点は幼少期にあります。

私は、山形市の山のふもとの集落に生まれ、のびのび育ちました。物語の続編をよく考える子で、「鬼ケ島から帰った桃太郎」や「結婚後のシンデレラ」……。「桃から生まれたのに、結婚して子どもができたのかな」と余計なことまで考えて(笑)、おとなを喜ばせる明るい子でした。

でも5歳で引っ越して町の小学校に入るといじめられました。デブと呼ばれたり、教科書をビリビリに破られたり。朝になると、脚が痛み動けなくなるんです。それが、母が休みの連絡に出かけると治る。1～2年生はほとんど登校できませんでした。

変わるきっかけは、2年生の終わりに学校でやった演劇「犬のお母さん」です。私は体が大きいから、犬のお母さん役。すごく評判で、お客さんがニコニコしてて、いい気持ち。私をいじめる子とも、最後に手をつないで出ました。

ここでは、私、いじめられない。演劇は楽しいなと詩に書きました。母は読んでボロボロ泣き、その詩をずっと大切に取っておいてくれました。

3年生の担任、太田泰男先生の存在も大きかった。先生は「ろうそくの火を想像してください。生きる希望のような真っ赤な火、芯だけを想像し、人の命のはかなさを考えた人もいるだろう。その全部が正解だ。作文にバツはないんだ」って。

そうか、作文を書く時は自分が王様なんだと思って、どんどん書きました。先生は「上手だね」とほめてくれ、自信を持つことができました。周りの目が変わり、学級委員長もしました。

5年生の終わりには、初の作・演出・主演となるミステリー「光る黄金の入れ歯」を上演して、大好評でした。

人の笑顔が好きで、芝居が好き。演劇は私を人間的に回復させてくれました。

登場人物全員が〝主役〟

――高1の時、演劇部の先輩と山形市で文学座公演「ガラスの動物園」を見て、衝撃を受けます。対人恐怖症で引きこもりがちなローラが、夢破れた青年をまごころで救う話だったからです。

号泣して席を立てなくなりました。私も内気な子でしたから、自分とローラが重なり、私も生きてていいんだって。弱者は、強者だけでは気づかない大切なことを教えてくれるんだとも思いました。

勇気を出して、出演した長岡輝子さんの楽屋を訪ねたら、1時間も話を聞いてくれ、「役者に学歴はいらない。すぐ芝居の勉強をしなさい」って。絶対に上京すると決めて、翌日から学校の勉強をやめました。（笑）

文化は社会で支えるもの

――東京の舞台芸術学院へ入学。風呂なし、トイレ共同の3畳間の生活は極貧でした。

1年目はパン屋さんでアルバイト。演劇の本を買い、札幌ラーメンを食べたら、月初めなのに残金が13円しかない。母の言葉を思い出しました。「決して人からお金を借りちゃいけないよ。困ったら交番で借りなさい。おまわりさんはおまえの味方だよ」って。

交番へ「500円貸してください」と頼みにいきました。おまわりさんは「何に使うんだ?」。「カツ丼を食べたいんです」「そんなことに貸せない!」。私は大ショックでした。「東京のおまわりさんは冷たいじゃないか!」と泣いて走って帰りました。（笑）

毎日キャベツばかり食べていましたが、楽しかった。仲間と芝居したり、映画の感想をいい合ったり。そこで夢を育んでいきました。

――卒業後の1978年、「劇団2○○《にじゆうまる》」（翌年「3○○」に改名）結成。旗揚げ公演「モスラ」では、バブル景気前の「カネがすべて」の世相を風刺しました。

当時は、若者が劇場に押しかけた「小劇場ブーム」でした。でもうちは劇団員がバイト先の飲み屋で切符を売るので、年配者ばかり。ブームからズレていきました（笑）。それでも世相を危ぶむ人が多かったのか好評で、観客は倍々で増えていきました。

私は当初から〝みんなが主役〟の演劇を書くと決めていました。13人が出るなら、13人全員が〝主役〟。一人のスターを大勢でもり立てる芝居は書きたくなかった。だって、誰もが人生の主人公のはずですから。

でも、一人ひとりにあわせて脚本を書くのは大変です。1週間ほとんど寝ずに書き、バイトも休まざるを得ないのでお金もない。

食べさせてくれたのは、劇団員の実家やバイト先の社長さんらおとなの人たちでした。お礼をいったら、「将来は、君が若者に同じことをしてやってね」と。夢を追う若者にみんなが温かかったし、〝文化は社会で支えるものだ〟という意識があったんだと思います。

震災ボランティアでも感じますが、「自分さえよければいい」「カネがすべて」の風潮は、長い人類の歴史で、ほんの一瞬のことだと思います。弱者を見捨てない平等な社会を、いつかつくれると信じたい。そのために演劇でがんばります。

反対だった父も

――81年、弟と自身のいじめ体験を基にした「夜の影」を上演します。

弟は「見て涙が止まらなかった。子どもの俺への鎮魂になった」といってくれました。私が芝居をすることに反対だった父も、私の理念が伝わったのか、「こんな芝居ならやってもいい」と、初めて認めてくれました。

フランスの画家・クールベの絵をモチーフに、舞台の左側に労働者階級、右側に特権階級を配し、社会の構造をとらえようとしました。

――翌年、続編的な「ゲゲゲのげ」で岸田國士戯曲賞受賞。83年、NHK連続テレビ小説「おしん」に出演し、女優としても人気に。

当時、助けてくれた一人に、おでん屋のママさんのご主人がいました。元自衛官で、戦争中は航空隊を指揮した人です。彼と、私の父の戦争体験が、その後の私の演劇のテーマ、「平和」につながりました。

◇◇◇◇◇◇◇◇◇

父の思いを抱き戦争を書く

――父・正治さんの戦争体験を基に書いたのが、「光る時間《とき》」（１９９７年）です。

私が30歳くらいの時、実家で酔った父が、自分の戦争体験を語り始めました。自分は14歳から４年半、東京の中島飛行機武蔵製作所で、旋盤工としてゼロ戦の部品を作っていたと。驚きました。

５万人が働いていたという広大な工場は、４４年冬から終戦までに空襲を９回受け、２００人以上が亡くなったそうです。

ある日、大空襲があるという情報がもたらされ、全員に避難命令が出ました。でも番をする者が何人か要る。「10人兄弟の末っ子が残るべきだ」「成績の悪い人間を残せ」。醜い争いに耐えかねて、18歳の父は「自分が残ります」と申し出ました。仲間２人が続きました。

少年３人で空襲を待つ夜は、内臓が口から飛び出そうなほど怖かったそうです。父は、特攻隊員が胸に縫い付けて飛んだという高村光太郎の戦争賛美の詩「必死の時」を唱えて耐えました。空襲がそれて、父は助かりました。

話を聞き、私が生まれたのは奇跡だったんだと考えました。そして、私の代わりに死んだ人のためにも、戦争を書く責任があると思いました。

遺族を取材して

――渡辺さんが主宰する劇団「3〇〇」に、58歳で入った東銀之介さんは、ずっと劇団を支えてくれたおでん屋のママの夫。彼は戦争中、戦闘機の指揮官でした。でも戦争体験を詳しく聞く前に、彼は亡くなりました。

すごく後悔しています。そんな思いもあって、「月夜の道化師」（2002年）では、特攻隊員やその遺族に取材して、書きました。

秋田の83歳のお百姓さんの話が忘れられません。彼は、特攻で亡くした弟のことを語りながら、「なぜあの時、弟を止めなかったのか」と号泣しました。「お国のために死ね」と教えられた時代です。それでも彼は「絶対に自分を許せない」と語っていました。

戦争は生き残った人にも傷を負わせます。

私の父もそうでした。工場で働いていた時、そばの青年学校（職場の幹部学校）が爆撃され、親友の佐野保隆さんが亡くなりました。彼に入学を勧めたのは父でした。

父は90歳で認知症になった今も、「佐野さんを殺したのは自分だ」と思っています。
２０１５年春、佐野さんのお墓が山梨にあるとわかり、父と行きました。空襲から70年かけて、父はやっと佐野さんに謝ることができました。手を合わせる父の姿に、涙が出ました。

憲法守る務め

――９７年の劇団解散後も平和を訴え続けます。２００３年、イラク攻撃を中止させるため奔走しました。

本当に爆撃するなんて信じられなかった。何の罪もない人たちが殺されていくんです。当時の小泉純一郎首相やブッシュ大統領にファクスを送りました。でもなしのつぶて。せめて子どもたちだけでも救いたいと思い、ジャンボ機を飛ばそうと思いました。稽古場や仲間に頼めば、２００人はかくまえると考えて、外務省に電話しましたが、「着陸できない。無理です」と。あの時の敗北感がいまだにあります。

――演劇人に呼び掛け、０３年、反戦の朗読劇を始める（現・非戦を選ぶ演劇人の会）など、常に芸術家の責任を考えてきました。

父は戦後、山形へ帰り、苦学して小学校の教師になりました。父はよくいっていました。「あの時、人を狂わせ、僕を軍国少年にした教育とは何か。その謎を解きたいんだ」と。

父が心酔した高村光太郎も戦争が終わってから7年間、岩手の山にこもり、自分の戦争責任を問いました。そんな高村をモデルに「月にぬれた手」（11年）を書きました。
私は、「二度と戦争をしない」と宣言した憲法は、人びとが痛苦の歴史の上に勝ち取ったものだと思います。この憲法を守り、生かすのは私たちの務めです。戦争放棄はいいことだと、いつか世界が見習う日が来ると信じています。

◇◇◇◇◇◇◇◇◇◇

弱い人の視点に立ち続ける

――東日本大震災以来、被災地に駆けつけ、支援を続けてきました。2016年6月には熊本へ行きました。

被害の大きかった益城町の避難所では、絵本の朗読をしてきました。車で寝泊まりする人、町を離れる人……。みなさん、複雑な事情の中で苦しんでいました。道一本を挟んで、全壊した家と無傷の家があるなど、東北とは違う意味の支援の難しさを感じました。

熊本での出会い

熊本市では、現地の演劇人たちと相談して、母子家庭の子どもを支援しているところに100万円の寄付をしました。戸田恵子さんとの舞台「わがまま」（4月）でのパンフレットの売上金です。大変喜んでもらえました。ありがとうございました。

熊本では、東日本大震災でご主人とお子さんを亡くされ、ひとりで車を運転してボランティアにきた岩手県陸前高田市の女性に出会いました。女性の、「自分たちも、この時期が一番大変だったので手伝いにきました」という言葉に心が震えました。

東北の被災者にとって、住宅問題は深刻です。まだ福島の人は、8万1千人が避難生活を余儀なくされています。東北3県の被災者8万人が、仮設住宅で暮らしています。東京五輪の陰で、被災者が置き去りにされています。

――差別や格差を容認し、憲法をないがしろにする政治に危機感を持っています。

安倍政権は、着々と外堀を埋めてきています。有事法制、秘密保護法、安保法制が通され、今度は共謀罪。ギョッとしますよ。

共謀罪は、「テロ集団を捕まえるんだから結構じゃないか」という人がいるけれど、とんでもない。戦前の日本も、政府は同じ理屈で治安維持法をつくって、政府に反対する人たちを投獄し、拷問や虐殺をしていったじゃないですか。演劇人の先輩も、大勢犠牲になっています。

今度の法律も、たとえば演劇人が集まって、「格差是正のために、リーディングなどで声をあげましょう」と相談しただけで危なくなるかもしれない。怖いですよ。

権利守るため

――そんな中、若い世代に励まされる体験をしました。

先日対談した小説家の上田岳弘《たかひろ》さんが、「今、少なくない日本人の生きる目的が〝カネと家族〟になっている」と指摘していました。

アメリカがトランプ政権になり、日本でも「自分のため、カネのため」で他人の痛みを見て見ぬふりする風潮が出ている。それに流されず、みんなで連帯できる社会にしたいと話し合いました。

もう一つは、ソーシャルワーカーの藤田孝典さんの本『下流老人』『続・下流老人』を読んだことです。

こんな内容でした。

〝日本は異常だ。貧困は「自己責任」とされ、貧しい人は家や老後の保障がなくても仕方がないと思い込んでいる。フランスでもドイツでも、住宅や老後の安心が権利として認められ、国が保障しているのに〟と。

　そして〝それらの国々の権利は最初からあったものではない。みんなが理想を掲げ、声をあげ続けて勝ち取ったものだ〟といって、マルクスの生涯を紹介していました。

　マルクスは編集していた新聞が政府から発禁処分を受け、貧困の中、3人の子どもを亡くしたそうです。それでも彼は「社会は変えられる」と信じ、『資本論』を書き続けた。

　藤田さんは書いていました。〝自分も理想を語ることをやめない。誰もがちゃんと生きられる社会にするんだ〟と。

　上田さんは37歳、藤田さんは34歳。若い彼らに励まされました。

　今テレビで、ものがいいにくくなっています。それでも私は、弱い立場の人の視点で発言し続けたい。自分の演劇では、お客さんに「よし、明日もがんばろう」と思ってもらえるよう、連帯のエールを送りたいです。

　私は、平和で、みんなが幸せになれる社会をあきらめたくないんです。理想を手放さずにがんばることが、おとなになることだと思います。

（2017年1月）

画家

野見山暁治さん

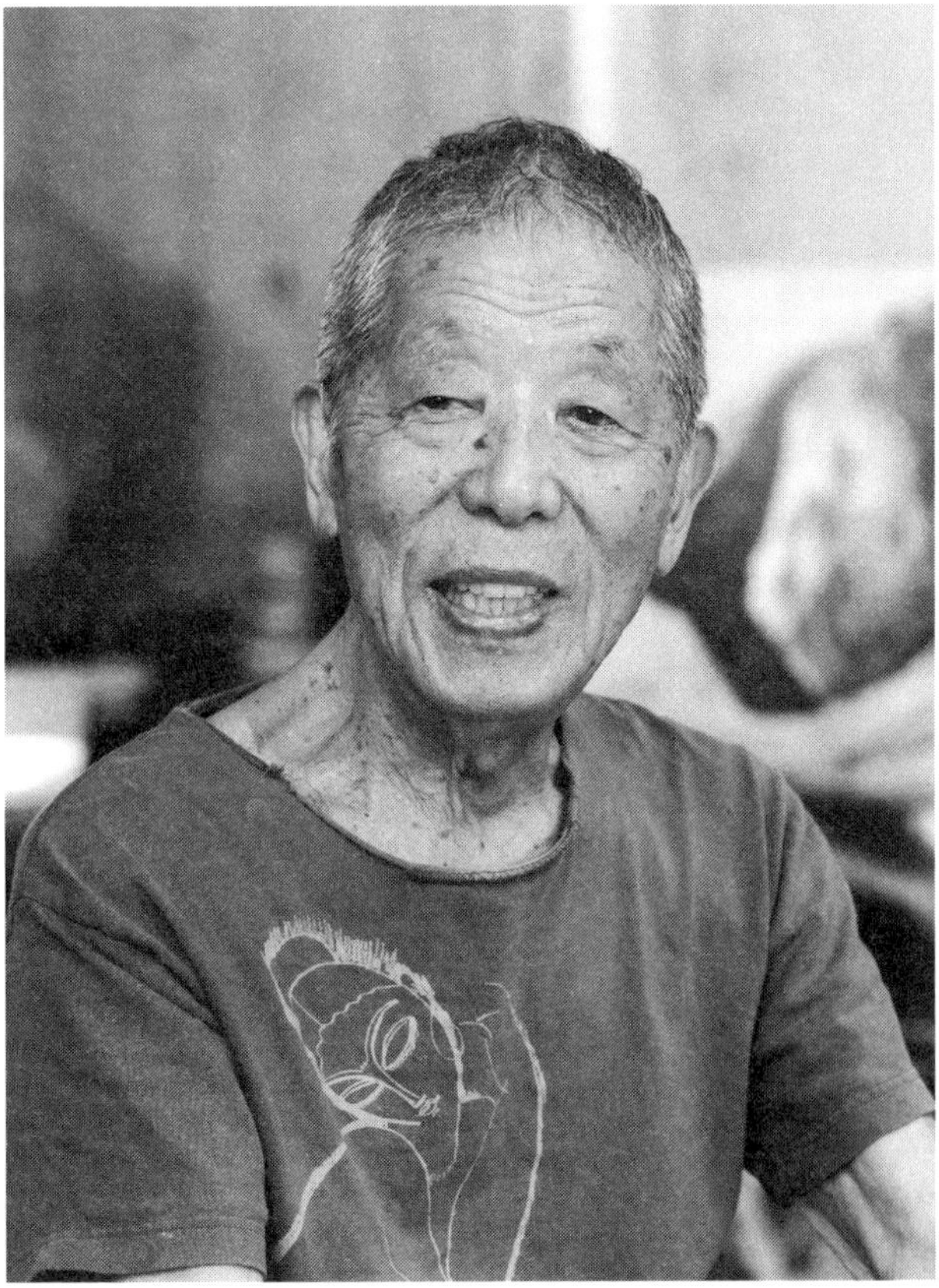

世界制覇を信じ込んだ時代

――野見山さんは95歳になった今も、毎日、絵を描いています。夏は福岡県ですごし、夕方の海水浴が日課です。

この年で泳ぐのかとみんな驚くけれど、僕は浮かんでいるだけです。水風呂に入っているようなもの（笑）。年相応に体が弱ってきて、もう、足がしっかりと地に付いている感覚がない。でも、かかりつけのお医者さんは、地下鉄で病院に来るなら元気な方だと言っています。

朝、起きてからはアトリエです。夕方まで絵を描いている。無理に働こうとしているわけではなく、絵を描くことが普通なんです。じっとしているより、絵を描きたい。ほかのことをしろといわれても困るんです。（笑）

出征壮行会で叫んだ

――幼少期から絵が好きで、親の反対を押し切り東京美術学校（現・東京芸大）へ。ところが1943年、戦争で半年繰り上げ卒業し、すぐ軍隊に召集されました。

戦争のなかで育ち、当時の日本は軍事力を増やせば世界を制覇できるんだと思い込んでいた。

おふくろも、僕が生まれた時から、この子は大きくなったら戦争に行って殺されるのだと思っていたそうです。だから、僕が大きくなるのを喜びつつも悲しかった、と戦後になって聞きました。戦死させるために子どもを育んでいる気持ちだったと。あのころの親は、そうだったのでしょう。

――隣人や軍人を招いた自身の出征祝いの宴席で、思わぬハプニングがおきました。

あのころは、みんな「祝出征」と、旗を立てて壮行会をやった。僕は、そんな宴会はやめてほしかった。出征前夜くらいは部屋を片付けたり、ひとりで静かにさせてと言ったけれど、おばあさんやおやじが、「それでは世間が通らない」と。

壮行会で、おまえもあいさつしろと強いられて、突然、こんな言葉を叫びました。

〝私は日本に生まれた世界の一市民です。それなのに、どうして他民族と戦わなければいけないのか。そんなことで死にたくない〟

周囲の人があわてて止めようとした。激励の言葉を聞いているうちに、耐えられなくなったんです。「我はドイツに生まれたる世界の一市民なり」とドイツの詩人が書いていて、それが突然、浮かんだんです。来客の将校が、もう一度言ってみろとすごんだけれど、止まらなかった。生きてかえれるとは思っていなかったので、本音が出ました。おやじは怒り、おふくろは泣き出す。つまらぬ騒ぎになりました。

僕は弱虫で人と争うのは好きじゃない。

――陸軍2等兵として中国大陸へ。当時のソ連との国境へ送られます。結核を病み、一時は家族に危篤の報が届く状態に。送還され、傷痍《しょうい》軍人福岡診療所で終戦を迎えました。

マイナス20度くらいになる場所で、ソ連軍と向き合っていました。いつ戦闘が始まってもおかしくない雰囲気でした。風呂上がりに、外を歩くとすぐにタオルが凍ってカチンカチンになる。あまりの寒さに、敵も味方もなぜこんな場所に集まっているのだろうと、あきれました。

僕はもともと肺病を患ったことがあり、戦場でそれが悪化して日本に帰されました。釜山港（韓国）から船で日本へ帰る時、日本から来た兵隊たちとすれ違いました。白衣の僕らに「ご苦労様です」という。まだ子どもみたいな兵隊ばかりでした。僕は立ちふさがって、おまえたち戦場に行くなと言いたかった。日本はそのうち負け、戦争は終わるだろうと実感していましたので。ソ連軍と向き合いながら、なんて無謀な戦争なんだと思いました。

国民脅す首相

――戦争体験は、長野県上田市に建てられた「無言館」の仕事へとつながっています。

あの戦争を体験した者として、いつかまた戦争が始まるかもしれないという恐怖感があります。窪島誠一郎さん（無言館館主）との出会いやテレビ番組への出演など、いろいろなきっかけがありましたが、戦没画学生の家を訪ね、残された絵を集めるようなことをしたのは、戦争が始まるかもしれないという不安があったからです。

――「九条美術の会」の発起人のひとりです。月刊誌『美術の窓』（生活の友社）に連載中の「アトリエ日記」に、この夏、「安倍内閣を倒せないか」という思いで投票してきたと記しました。

安保法制や改憲などの動きをみると、安倍（晋三）首相は、敵が攻めてきたらどうすると脅しながら、戦争をする方向で物事を進めている。でも、日本はもう二度と戦争はしない、そういう立場から考えていってほしい。しかし、これは容易なことではない。

平和をまっとうすることは、戦場で血を流すくらい難しいことでしょうが。

絵は不思議、手品のようだ

恩師と出会い

――野見山さんは、炭鉱地帯だった福岡県飯塚市の出身です。

小さいころは、暴れていたそうです。おふくろはよく、近所に謝ってまわり大変だったと言っていた。でも、僕には記憶がない。近所に君臨したガキ大将時代を覚えていないのが残念です。（笑）

いまでも僕は、人と話していても興味のないことだと素通りしてしまい、記憶がないんです。だから疲れないのかもしれない（笑）。亡くなったカミさんに、よく言われました。「あんたは元気なはず、他人のことを気にしていないんだから」と。僕は決して、気にしていないつもりはないんですが。（笑）

――少年時代から絵が大好きでした。

覚えていないくらい小さいころから絵が好きでした。勉強はダメで、学校自体が嫌だった。楽しみは図画の時間だけ。妹には、「絵描きの仕事がなければお兄ちゃんは野垂れ死にしていた」と言われました。

空襲で燃えたり戦後に父が処分したりして、昔の絵がほとんど残っていないのが悔しいです。

――中学の恩師の影響で絵と真剣に向き合うように。

先生は、昔の中国の水墨画などを見せながら、「絵は省略の方法なり」と教えました。見えるものの立体性、動き、距離、そのすべてを、どうやってこの平たい画面に押し込むかを、考えろと。絵は不思議なもの、深遠なものだと思いました。

ここ10年くらい前から、絵は人をだますものだと思うようになりました。絵描きは手品師のように人をだます。絵を見に来る人は、だまされる快感を味わいにくるのではないか。ピカソの絵などを見ると、見事な手品師だなあと思います。

――父は古い農家の三男坊で商才があり、丁稚《でっち》奉公から炭鉱経営者となった地元の名士でした。

おやじは僕が絵描きになることに反対でした。河原乞食になるために月謝を出す親がいるか、と、当初はかんかんになって怒りました。でも、勉強ができないので絵描きしか生きる道がないと諦めた。「学校の月謝は出すが絵描きは嫌いだ」と言われました。

退学するかと

東京に出たのはうれしかったけれど、学校はつまらない。最初の1年は石膏《せっこう》のデッサンです。自分で工夫して描くのではなく、マニュアルに従って技術を磨き、僕たちになじみのない西洋人の像を絵にするなんておかしい。これなら中学の時の恩師の方がいいと退学を決意しました。ところが、一緒に暮らしていた妹から、「バカね」と。戦争だから若者はすぐに兵隊に行かされますが、学生は徴兵が延期されていた。いま退学するのは死に急ぐことだと言われ、なるほど、と。

――結局は卒業繰り上げで従軍し、生還。戦後はパリに留学後、母校の教授になるも、父には息子の画才への不信感が……。

60歳で芸大教授を退官し、故郷に帰ったら、おやじが小声で「バレたのか?」と聞いた。おやじは、僕には洋行というハクがあるから教授になれただけで、本当はダメな絵描きだと思っている。ついに下手だと「バレたのか」と(笑)。「いや、自分から辞めた」と答えても信用されなかった。

――物事にとらわれない、ひょうひょうとした物腰です。

僕にはね、みんな同い年にみえるんです。だから、教授という職についても、ものを教えるという気持ちにはなれなかった。学園紛争のころは、学生たちが「僕たちの目線でものを言ってくれる」と受け止めてくれたそうです。僕と同年代の日本画家の堀文子さんは、「若いときは、懸命にやるのよ」と、先輩として年齢にふさわしい優しさと、励ましの言葉を忘れません。僕はいつになったら大人らしいもの言いができるのかなあ。（笑）

◇◇◇◇◇◇◇◇◇

戦没画学生の遺族を訪ねて

負い目を抱えながら

――戦没画学生の絵を集めた「無言館」の創設に際しても、大きな役割を果たしました。

戦争中、僕はソ連と「満州」の国境に送られ胸を病み、傷痍《しょうい》軍人療養所で終戦を迎えました。しかし、僕が部隊から離れた2カ月後には、僕のいた部隊は南方に送られ、ほとんどの人が亡くなりました。

部隊には同郷の友人もいて、終戦後、のこのこ訪ねていったら仏間につれていかれて、「どうしてあなたは生き残っているんだ」とびっくりされた。病気になったと説明したら、「なんでせがれも病気にならなかったんだ」と泣きだしました。

意図したわけではないけれど、結果的に、自分は器用に生き延びた卑怯《ひきょう》者ではないかと。だから、戦没画学生の絵を集めに遺族の家をまわるのは非常に気が引けました。

息子の姿を重ねて

――「無言館」の発端は、1974年に放送されたNHK番組「祈りの画集」です。戦没画学生の特集に野見山さんが出演。放送後、大きな反響があり、NHK出版での書籍化が決まります。そのため、戦没画学生の生家を訪ねるよう依頼されたのです。

当時、美術系の学校は4校ほどありましたが、戦没学生が記録されていたのは東京美術学校だけ。それでとりあえず、同番組に出演した3人で手分けしてまわってくれという話でした。ひとり15軒ずつです。自分の出た東京美術学校の人たちのことだし、やることにしました。

――編集者、カメラマンと一緒の旅が始まります。ところが……。

3軒目で、「これはダメだ」と思った。同級生の遺族でした。学生時代は家に遊びにいったこともあり、お母さんも姉さんも知っていた。お母さんに「あなたは兵隊に行かなかったの？」と聞かれ、説明しました。話している間、ずっと罪の意識を感じていました。食事をごちそうになり帰る時、お母さんが僕の背中にまわってレインコートを着せてくれました。その、着せ掛けてくれた手が、なかなか離れないんです。お母さんは泣いていたのでしょう。僕の姿に息子が重なってみえたのだと思います。その時、僕は初めて「これは何てひどい男だ」と気がついた。遺族がようやく忘れようとしている時に、のこのことやってきて、写真や遺品を並べさせ、息子のことを思い出させている。いったい何をやっているんだと。

生き残った者の使命

――企画から降りたいと申し出たところ、すでに他の2人は辞めていました。

その気持ちも分かりました。辞めた2人は絵とは無縁だったし。編集者は僕に、辞めるなら、誰か僕に代わる友だちを紹介してくれと言う。自分がこんな苦しい思いをして辞めようとしていることを、誰かに押し付けられない。誰にも頼めないな、と思いました。そして、確かにこの仕事は後ろめたいけれど、戦没画学生の鎮魂と記録のために、やる必要があると思い直した。残りは全部、僕がまわることにしました。やめたかったけれど、僕がやらなかったら、誰もやらない。これは生き残った者の使命だと思い直したのです。

――1977年、絵に野見山さんたちの文を添えた『祈りの画集　戦没画学生の記録』が完成。それを見た作家の窪島誠一郎さんが絵の展示施設を発案。窪島さんが資金集めに奔走し、「無言館」が完成しました。
最初は古い、未熟な絵が並んでいると感じましたが、年を重ねるごとに、その絵から、若者の心が伝わってくるようになりました。これから死にに行く若者の、「これを描いてから死ぬんだ」という思いです。これから画壇に出ようとか、うまさをアピールする絵ではなく、最後だから本当に大切なものを見つめ、日々それを描く。美術館は優れた絵を並べる場所ですが、無言館は違います。いわゆるいい作品ではなく、死を予告された若者が、その執行猶予の期間、何を描くか。この絵は、その答えです。

（2016年10月）

精神科医・作家

帚木蓬生さん

ギャンブル依存症を診て30年

日本はすでにギャンブル大国

――医師として、ギャンブル依存症に長年向き合ってきた帚木さん。今、一番怒っているのは、自民・公明・維新の各党がカジノ解禁推進法を強行（2016年12月）したことです。

世論調査で7割が反対しているのに、抜き打ち的に成立させた。とんでもない話です。安倍（晋三）首相はカジノが「成長戦略」などと言いますが、まやかしです。

40年前、アメリカ東海岸ニュージャージー州・アトランティックシティーは、カジノで観光客を呼び込もうとしました。ところが、観光客は増えず、増えたのは犯罪です。犯罪発生率は全米50位からトップとなりました。児童虐待、ホームレス、自己破産が増え、カジノ以外の雇用は減りました。アトランティックシティーはアメリカで最も住みにくい街といわれるようになったんです。

あまり知られていませんが、日本はすでにギャンブル大国です。競馬・宝くじなどの公営ギャンブルの売り上げは年間6兆円で、パチンコとスロットマシンは20兆円にのぼります。マカオのカジノの年商が4兆円ですから、日本がいかにギャンブル大国かわかるでしょう。

ギャンブル依存症も深刻です。

2014年の厚生労働省の調査によると、日本のギャンブル依存症患者は推定536万人、成人の4・8パーセントです。米国の1・6パーセントやオーストラリアの1パーセントと比べても、日本は突出しています。

原因はパチンコ、スロットです。うちの診療所は初診患者の1割から1割5分がギャンブル依存症で、原因の8割以上がパチンコ、スロットです。この上さらにカジノなどばかげています。

特徴は借金とウソ

――ギャンブル依存症の治療に取り組むようになったのは、30年近く前からです。

北九州市の八幡厚生病院でアルコール依存症を担当していました。その中にギャンブル依存症を合併している患者が15パーセントほどいたんです。

ギャンブル依存症の実態を知ってもらうため、今まで診た患者の病歴をまとめて分析したことがあります。

ギャンブルにつぎ込んだお金は、平均１３００万円です。最高は1億1千万円でした。その患者は両親が二人とも校長先生でした。両親の退職金を使い切り、先祖伝来の田畑・家屋敷まで売り払っていました。ほかにも競馬にのめりこみ病院をつぶした外科医もいます。

ギャンブル依存症の特徴は「借金とウソ」です。お金のためにどんなウソでもつくし、サラ金からの借金も平気です。

病気には原因があると考えがちですが、ギャンブル依存症に原因はありません。意志が弱いとか、性格の問題ではないんです。問題は環境です。ギャンブルへのアクセスの良さが大きく影響します。

日本はどこにでもパチンコ店があって、誰でも行ける。競馬の馬券、競輪の車券もネットや電話で買える。これほどギャンブルに甘い国はありません。

ギャンブル依存症はこんなに深刻なのに、公営ギャンブルもパチンコも、収益から治療費をビタ一文出しません。カジノ収入からギャンブル依存症の治療費をまかなうなどという前に、政府は現状を直視して、直ちに対策に取り組むべきです。

患者同士の助け合いで

――ギャンブル依存症の治療は、患者同士の助け合いが何より大事です。

この病気に特効薬はありません。治ったと思っても、ギャンブルをすると、すぐ元に戻ってしまうんです。

ギャンブルをするとき、脳内ではドーパミンが増加し、ほかでは得られない興奮を覚えます。それを繰り返すなかで、脳自体が変わってしまいます。一度できたドーパミン優位の脳は、簡単には元に戻りません。私は患者さんに「一度たくあんになった脳は、二度と大根には戻らないよ」と言っています。

患者さんは一生、ギャンブル依存症に向き合っていかなくてはなりません。そのためには、患者の自助グループに参加し続けることです。仲間同士の共感が、ギャンブルの抑止力になるんです。

――95年に山本周五郎賞を受賞した『閉鎖病棟』（1994年、新潮社）は、精神病の患者たちが偏見や差別に負けず、互いに助け合う姿を描きました。自助グループに通じるものがあります。

あれは精神科医でなければ書けませんでした。当時、勤務していた病院がモデルです。もうろう状態で親を殺したという患者もいました。患者同士の治癒力というのは大きいんです。それが自助グループでも発揮されます。

ギャンブル依存症の人は「三ザル」状態です。「自分の病気を見ざる」「他人の忠告を聞かざる」「自分の気持ちを言わざる」です。ところが少人数のグループで「家族に迷惑をかけたこと」「自分の意志が働かなかったときのこと」など、自分の内面を語り、他人の話を聞くうちに、自分の病気を初めて直視するようになるのです。自助グループは人間性回復の場です。

医者は〝治療するのは自分たちだ〟と思って、自助グループを軽視していますが、大間違いです。がんの医療なども、もっと自助グループを大切にすべきです。

テレビ局ADから転身

――中学生の時から小説を書いていました。

クリストファーとかアリスとか、外国人が主人公の冒険ものです。でも自信がなくて、親友一人以外には見せませんでした。

東大文学部のフランス文学科に進んだのも、商社か新聞社に行くつもりだったからです。『源氏物語』が好きだったので国文科も考えましたが、それでは商社にいけないなと。東大では剣道部に入り、『赤胴《あかどう》』という部誌に短編小説を書きました。江戸時代の漁師の話です。文芸部にいた先輩から「文才がある」と言われました。小説が書けるかもしれないと思った最初ですね。

泡ぶろに潜らされ

――東大卒業後、TBSに就職。ところが2年で退職し、九大医学部に入り直しました。

TBSは最初「ラジオスケッチ」を希望しました。でんすけ（携帯用録音機）担いで街の声を拾うんです。しかし、TBSの報道車が成田闘争反対派の機材を乗せたことが問題になり、報道局に上から「圧力」がかかりました。社内でも最左翼だった「ラジオスケッチ」は、そのあおりを受けて、入社したとき中止になりました。

それでテレビの歌謡番組の部署に回されました。玉置宏が司会の「歌のアルバム」やバラエティードラマの「日曜8時、笑っていただきます」の担当です。

とにかく忙しい。一番下っ端のアシスタントディレクターなので、弁当の手配から、スケジュールの調整、台本配り、タクシーの手配まで何でもしなければいけません。

ショーケン（萩原健一）が漢字が苦手だからと台本にルビをふったこともあります。「学校」にルビをふったら、「学校くらい読めるよ」と怒られました。（笑）

泡ぶろにも潜らされました。悠木千帆（樹木希林）が泡ぶろに入っているときに、下から手が出てきて、首を絞められるという場面です。その手の役です。

2年したら、俺は何をしているんだ、こんなことで人生終わっていいのか、という気がしてきました。しかも当時のディレクターは〝寿命〟が短く、名ディレクターといわれた人でも40歳過ぎたら窓際族でした。

これは進路を変えよう、文学部とまるっきり反対の理系に行こうと考えたんです。一番食いっぱぐれがないと思って医学部を受け直しました。

模試でペンネーム

――医学部受験の模試が、いまのペンネームをつくったきっかけです。

自分の力を知るため、母校の3年生・浪人生と同じ模試を受けました。本名の森山では、先生に再受験がばれるので、『源氏物語』の巻名から選んで「帚木」「蓬生」の名前で受けたんです。

ただ32歳で最初の本を出した時は、編集者に「この名前は老人みたいだ。変えた方がいい」と（笑）。いまは、変えなくてよかったと思っています。

――医学部に入って、なぜか作家になりました。

医学部に入ったら、小説の題材がゴロゴロしている。それで学生をしながら小説を書きだしたんです。

純文学の新潮新人賞に応募したら最終候補に残った。大江健三郎さんに選評で「この書き手は純文学よりエンターテインメント向きではないか」と指摘されました。

大江さんとは20年後に山本周五郎賞の授賞式で会いました。昔の選評の話をしたら、大江さんも覚えてましたよ。選評の言葉に責任を持っているんだなと感心しました。

それ以前、九州沖縄文学賞にも落ちたんですが、選考委員からはがきが来ました。「見込みがあるから書き続けなさい」と。

励まされるというのは大きな力があります。自分ではものになるかどうかわかりませんから。再度、九州沖縄文学賞に応募したら、受賞したんです。おかげで作家としてデビューできました。

憲兵だった亡父をたどる

――1997年に長編『逃亡』（新潮社）で柴田錬三郎賞を受賞。BC級戦犯として追われる主人公の元憲兵は、父親がモデルです。

戦争中、親父《おやじ》は香港に駐留する憲兵でした。日本の敗戦で戦犯として捕まり、巣鴨プリズンに収容されました。

語らずに逝く

親父は、憲兵時代のことは一切話しませんでした。保険会社の万年ヒラ社員で、酒とギャンブルと女に明け暮れていました。戦争体験も聞かないまま、76年に60歳で亡くなりました。

『閉鎖病棟』で山本周五郎賞をとった後、親父のことを知りたくなり、週刊誌の尋ね人欄で、親父を知る人を探してみたんです。すると、憲兵隊の上司だった人から連絡がありました。ほかにも元同僚と合わせて3人に集まってもらい、話を聞かせてもらいました。手紙もやり取りしました。元上司の人から私の字が親父とそっくりだと言われ、親子の字は似るのかと、びっくりしました。

――その時初めて、父親がスパイだったことを知りました。

憲兵だった親父は民間人になりすまし、中国国民党や英国軍の情報を探っていました。その任務の中で英国の民間人を死なせていました。そのことで戦後、戦争犯罪人として指名手配されたんです。

敗戦直後、親父は追及を予測して憲兵隊を離れ、身分を隠して帰国しました。ところが、妻子と身を寄せていた福岡県小郡市の実家に、巡査がきて、親父を逮捕しました。しかし親父は連行途中に走って逃げ、行方をくらましました。私が生まれたのは、親父が逃げた2カ月後です。

結局、親父は1年後に茨城県で逮捕されました。

当時、元憲兵の処刑が続いていました。香港に送られれば、死刑判決は免れなかったはずです。しかし、巣鴨プリズンで移送を待っている間に、香港の英軍事法廷が終了しました。親父は釈放され、その足で元上司の家を訪ねて「ただ今、戻りました」と言って泣き崩れたそうです。

侵略の罪は消えない

——『逃亡』では、日本の侵略戦争と、それを担った個人の罪の問題を突き詰めました。日本が外国を侵略した罪は消えません。前の世代がやったことだから、もう水に流そうというのは大間違いです。過去の足かせを子孫が受け継ぐのは、いいことです。足かせがあれば悪いことはできませんから。

安倍政権は、過去を忘れてイケイケどんどんです。そんなのは昔の軍部と同じですよ。親父は戦争の犠牲者だったと思います。国のために尽くしたあげく、国に見捨てられた。それでも、憲兵として人を死なせた罪は免れないと思います。

取材してみると、香港で親父を見逃してくれた国民党の幹部もいました。極限状態でも人情を忘れない人もいる。親父も命令されたから仕方がないとは言えません。こっそり逃がしてやることもできたはずです。

二足のわらじ

——精神科医と作家の二足のわらじを長く続けてきました。共通して必要な力が一つあると言います。

ネガティブ・ケイパビリティーというのがあるんです。「負の能力」とか「陰性能力」

などと訳されます。

　宙ぶらりんの状態を耐える力です。精神疾患はすぐ治るわけではなく、宙ぶらりん状態が長く続きます。一生病気と付き合う人も多い。医者もそれに耐えていかなければいけません。

　小説も初めは先が分かりません。すべてわかってから書くような段どり小説は面白くない。この道筋で行けば最後まで行けるはず、という宙ぶらりん状態を耐えて書くんです。この言葉を最初に言ったのは英国の詩人、ジョン・キーツです。

　治療も小説もどこに行くかわからない。でも急いで結果を求めずに、我慢していけば、いい結果を生む。この言葉を知った時は、救われましたね。


（2017年2月）

女優

香川京子さん

「ひめゆりの塔」の使命感

――邦画黄金期の1950年にデビューし、黒澤明、小津安二郎、溝口健二ら日本を代表する巨匠のもとで、多くの名作に出演してきた香川さん。代表作の一つが、今井正監督の「ひめゆりの塔」です。戦後70年の2015年、香川さんは、さまざまな場面で近づく戦争の恐怖について語ってきました。同年8月30日の戦争法案廃案を求める国会10万人・全国100万人行動にも賛同人として名を連ねました。

通信社の記者の方には自分から話をしたいとお願いしました。初めてですよ、こんなこと。何か言わずにはいられない。そんな気持ちになったのですね。

PKO（国連平和維持活動）法が国会で審議されていた92年、『ひめゆりたちの祈り』（朝日新聞出版）という本で、平和の大事さを書かせていただきました。そのとき、もしまた戦争になるような時代が来たら、ちゃんと言わなくてはいけないと。まさかこんなに早く来るとは思わなかったです。

台本で知った悲劇

――31年、満州事変の年に生まれました。

小学校に入る前年の37年に日中戦争が、4年生の時にアメリカとの戦争が始まり、子どもの頃はずっと戦争でした。でも私は、家も焼けなかったし、申し訳ないくらい無事でした。44年12月、東京から母の実家があった茨城に疎開しました。田舎道をのんびり歌をうたいながら女学校に通う毎日で、怖い目に遭ったことはありませんでした。

同じ頃、沖縄では私とほぼ同世代の女学生たちが、想像を絶する悲惨な体験をしていたことは、「ひめゆりの塔」の台本で知りました。ショックでした。

学業半ばの女学生が、戦争末期に軍の看護師として動員され、激しい地上戦の中、米軍の攻撃にさらされながら島の南端に追い詰められ、多くの犠牲を出した。映画で描かれた話は、撮影の7年前に実際にあったことです。

でも映画公開（53年）当時、沖縄はアメリカ占領下でしたから沖縄の悲劇を本土の人は知りませんでした。今井監督は、この悲劇を日本中の人に知ってもらいたい、という気持ちで撮ったと伺いました。私たち出演者も同じ気持ちでした。

監督の宿題

――撮影は、52年の10月半ばから正月にかけて東京・練馬区の大泉撮影所などで行われました。21〜22歳だった香川さんは、ひめゆり学徒の上原文を演じました。

撮影前に今井監督から宿題を出されました。自分が演じる役がどんな生い立ちで、なぜひめゆり部隊に加わることになったのか、自分なりに考えて作文を書くように、と。一つの役を演じるということは、そこまで考えなくてはいけないのかと教えられました。

撮影は寒さとのたたかいでした。ひめゆり学徒隊が軍と一緒に移動するのは、アメリカ軍の攻撃がやんだ夜間です。12月の厳しい底冷えの中、撮影も連日、夜中の2時頃まで行われました。

今でこそ大泉にはたくさん家が立っていますが、その頃は畑があるだけで、吹きさらしでした。衣装も半袖シャツ1枚に、もんぺ。雨にぬれるシーンが多かったので、母がビニールで上下の下着を作ってくれました。ビニールが出始めた頃で、厚くてごわごわしたものだったんですけど、すごく助かりました。

沖縄なのに白い息が出てはおかしいというので、テストの間、口の中に氷をふくんで冷たくしていました。あんな大変な撮影は、後にも先にもなかったですね。

緊張していたのか、風邪もひきませんでした。つらいけれど、ひめゆりの方たちが戦場で経験した命がけの苦労に比べたら、泣きごとを言っては申し訳ない、と自分に言い聞かせながらやっていた記憶があります。一つの使命感でした。

終わらないのが戦争

――映画は空前の大ヒット。経営難だった東映も持ち直します。79年、香川さんは、ひめゆり学徒隊の34年ぶりの卒業式に、ＮＨＫ番組のリポーターとして出席しました。

一人ひとり、お名前呼んでも返事がないわけですね。お年を召したお母様たちが娘の遺影を持って卒業証書を受け取る。見ていて本当につらかったです。

それがきっかけで、「ひめゆり同窓会東京支部」にも参加させていただくようになりました。皆さん、亡くなったお友達に対して自分だけ生き残って申し訳ない、という気持ちで何十年も暮らしていらっしゃいます。心の傷というのは、いつまでも癒えない。戦争が始まるのはアッと言う間だけど、何十年たっても終わらないのが戦争だと、嫌というほど教えられました。

――戦争法反対で立ち上がった若いママたちに共感を寄せます。

すごく頼もしいことです。戦場に行かされ、犠牲になるのは若い人たち。これからの日本を背負っていかなければならない若い人たちの命をどうして大事にしないのか。私には理解できません。平和で、誰もが自由に生きられる世の中が続いてほしいと願っています。

――日本共産党は、戦争法廃止の国民連合政府をつくるための大同団結を呼びかけています。

みんなで努力しなければいけませんね。

独立プロと出合って

――13歳のとき、終戦を迎えました。

戦後、初めてバレエ「白鳥の湖」を見て、バレリーナに憧れました。戦争中は、きれいなものが何もなかったでしょう。こんな美しい世界があるのかと、心を奪われました。でも、年齢的にスタートが遅いと言われ、あきらめました。

女優になるなんて思ってもみませんでした。隣に住む叔父が映画界で宣伝の仕事をしていたんです。その叔父に作家や映画関係の方が、「君のめいを女優にしたらどうだ」と言っていたようです。でも私はからかわれていると思って、真面目に取りあいませんでした。

女学校の卒業間近になり、家庭の事情で働くことになりました。そのとき就職するなら何か自分の仕事といえるような仕事をしたい。そんな思いが突き上げてきました。

東京新聞に「ニューフェイス募集」という映画会社の新人募集の記事が掲載されたのは、そんなときです。それを見て、突然「これだ」と。おさげ髪の卒業アルバム用に撮ってもらった写真を送りました。並行して銀座の服部時計店（現・和光）も受験しました。1949年、17歳でした。

自由への憧れ

――5400人の応募者の中から、東宝、松竹、新東宝（現・国際放映）が3人ずつ採用。香川さんは、叔父がいた新東宝に入社が決まりました。

家庭的な雰囲気の会社で、毎日、撮影所に行くのが楽しくて。おさげ髪のニューフェイスが入ってきたというので、皆さん珍しがって、かわいがってくれました。

上の人に「早く現場を覚えなさい」と言われたので、撮影所に行き、スタジオの隅の方に立って監督さんのお仕事やスタッフの方の動き、先輩の俳優さんたちのお芝居を何時間も見ていました。それが私にとっての勉強でした。

――入社から半年後、本格デビュー。20作近く出演しますが、52年、フリーになります。

あの頃は、撮影所が新人を育てようと企画から宣伝まで考えてくれる恵まれた時代でした。でも私は、何でも自分で決めないと嫌な性格で……。

新人のくせに生意気なのですけれど、成瀬巳喜男《みきお》監督の「おかあさん」で田中絹代さんの娘役を演じた時、「私はこういう明るい庶民的な娘役が向いているのかな」と初めて意識してからは、自分が出る作品は自分で選びたい、と思うようになりました。

でもフリーになったからといって、いい仕事ができるとは限らない。怖いもの知らずで、ただ自由になりたい一心でした。

――53年、所属俳優の他社作品への出演を封じる「五社協定」が結ばれましたが、フリーだったので縛られませんでした。

運が良かった。今井正監督の「ひめゆりの塔」は、「良い作品を」という意欲に燃えていたときに出合いました。「青い山脈」や「また逢う日まで」を撮られた今井監督は、当時の女優さんたちの憧れでした。

この後、小津安二郎監督の「東京物語」、溝口健二監督、黒澤明監督の作品に出演することができました。フリーになって、たくさんの良いお仕事をさせていただいて、本当にありがたかったですね。

熱気を感じて

――香川さんは、商業主義と一線を画す独立プロの作品にも積極的に出演。貧しい農村を舞台にした家城《いえき》巳代治《みよじ》監督の「ともしび」（５４年）では、弟のために身を粉にして働く農家の娘を演じました。

栃木の部屋村（現・栃木市）で撮影しました。普通の農家に泊まらせていただいて、みんなで合宿のように過ごすんです。そんな経験は初めてでした。

男の俳優さんも一緒になってカメラやライトを運んだりして、予算はなくても自分たちのめざすいいものをつくろうという熱意が感じられて、気持ちの良い現場でした。若かった私は大変刺激を受けました。

独立プロの監督さんは、今井監督にしても山本薩夫《さつお》監督にしても決してご自分の信念を曲げないところがすばらしいですね。世の中には、一生懸命働いても豊かになれない人たちがいるのだという社会の矛盾にも気づかされました。女優も社会の一員として社会に関心を持たなければいけない、と。大きい会社の仕事だけをしていたのでは、わからなかったと思います。

――山本監督の「人間の壁」（59年）では小学校教師役でした。

私は学校の先生にぴったりというイメージがあるらしいのですが、子どもたちとどうやって仲良くなればいいか、わからない。それが一番の課題でした。でも、列車にはねられて亡くなる悲しい役を演じた男の子が、中学生になって一人で家に遊びに来てくれたんです。あのときは、うれしかったですね。

◇◇◇◇◇◇◇◇◇◇

小津、溝口、黒澤監督と

今になってわかることも

――125作以上に出演。巨匠たちが香川さんを起用した理由の一つが清潔感でした。小津安二郎監督も「洗いたての感じ」と言い、代表作「東京物語」（1953年）で香川さんを末娘に起用しました。2012年の英国映画協会による映画監督が選んだ映画史上ベストテンの1位になった不朽の名作です。

小津監督とお仕事をさせていただいたのは「東京物語」だけです。1本だけなのに、世界的に評価される作品に参加できたのは、なんて幸せなのでしょう。でも、その頃は憧れの原節子さんとご一緒できることの方がうれしくて……。(笑)

当時は若かったので、両親に冷たい兄や姉を許せない末娘に共感しました。でも、自分も結婚して家庭を持つようになると、親を思う気持ちがあっても、生活に追われて思うようにできない姉たちの立場がわかるようになって……。今は笠智衆さんと東山千栄子さんが演じた両親の心境です。

世界中で「東京物語」が評価されるということは、国は違っても、人間のそういう姿、気持ちは共通のものがあるのでしょうね。何度見ても、見る年代で違う感動を覚える。だからいつまでも愛され続けるのだと思います。

――印象に残る小津監督の言葉があります。

撮影の合間に「僕は社会のことに関心がないんだよね」とおっしゃったことがあったんです。私は「ひめゆりの塔」が終わったばかりだったので、どういう意味だろうと。それから何十年もたって、監督さんが「人間を描けば社会が出てくる」という言葉を残されているのを見つけました。

小津監督は、「感情過多はドラマの説明にはなるが表現にはならない」とも、おっしゃっています。「人間はうれしくて泣くこともあるし、悲しくて笑うこともある。大切なのは、人格をつくりあげることなのだ」と。教えられました。

「反射してください」

――さらに溝口健二監督の「近松物語」(54年)が転機になりました。

溝口監督の撮り方は小津監督と正反対でした。小津監督が、俳優が座る場所や、うちわをあおぐ回数まで決めて撮るのに対して、溝口監督は演技指導を一切なさらない。俳優というのは、セットに入った時にその役の気持ちになっていれば、自然に動けるはずだとおっしゃるんですね。それで、できるまでじっと待っていらっしゃる。だけど人妻役も京都の言葉もすべて初めてで、どうしていいかわからない。本当に苦しかったですね。

今でも頭から離れないのは、「反射してください」というお言葉です。芝居というのは、自分の番が来たからせりふを言うのではなくて、相手の動きや言葉に反射して初めて言葉や動きが出るのだ、と。芝居の根本を教えていただいたから、黒澤組でもやっていけたのだと思います。黒澤明監督も細かい指導はなさらず、自分で考えなければなりませんでしたから。

――「どん底」「まあだだよ」など黒澤監督の5作品に出演。色情狂を演じた「赤ひげ」（65年）では、鬼気迫る演技を見せました。

すごいメークでしょう。こめかみの生え際を3カ所ぐらい三つ編みにして、（かつらの下につける）羽二重《はぶたえ》で止めるのね。すると目がつり上がるの。青いシャドーをつけて、自分でも鏡を見るのが嫌でした。でも不思議。ああいう扮装《ふんそう》をすると、声まで動物的になるんです。

どんなことも無駄にはならない

――「赤ひげ」の公開後、新聞記者の夫と3年間ニューヨークへ。子どもが3歳と2歳の時に帰国します。

アメリカでは普通の主婦の生活をして、お友達がいっぱいできました。自分の仕事、芸能界を外の視点から見ることもできるようになりました。どんなことも無駄にはならないものですね。

モットーは無理をしない。仕事と家庭の両立にはそれが大切でした。

それにしても、こんなにたくさんの監督さんと仕事をさせていただいて、優れた方たちに出会えたことは本当に幸せだったと感謝しています。私なんて無口で地味で、人とのつき合いも上手じゃないのに、どうして偉い監督さんたちが指名してくださったのか、いまだにわからないんです。

いいお話をいただいても、「うれしい」というよりも、私が出たことで作品を壊したら大変だと。もうそれだけでした。喜びよりも不安と緊張の方が大きかったですね。

今は若い頃と違って少ない出番でも、そこにいるだけで過去を感じさせなければならない、という難しさがあります。

女優になって65年になりますが、今でも華やかなところは好きではありません。これでも女優かしら、と自分で感じることがあります。普通にバスにも乗りたいし、自由に動きたい。電車の中で、赤旗記者の方とバッタリお会いしたこともありますよ。(笑)

(2015年11月)

俳優

嵐　圭史さん

◇◇◇◇◇◇◇◇◇

今も変わらぬ棄民政治を問う

代表作「怒る富士」

――前進座の看板役者で、85年の歴史を持つ同座を牽引《けんいん》してきた一人です。今は文化庁芸術祭賞に輝いた代表作「怒る富士」（新田次郎原作）全国巡演の真っ最中（2016年7月現在）。己の命と引き換えに、被災地農民を救済した〝お代官さま〟を全身全霊で演じます。舞台は、5代将軍綱吉の時代。圭史さん演じる伊奈半左衛門は、大噴火を起こした富士山麓で飢えに苦しむ農民たちを助け、幕府の無慈悲な政策に立ちはだかります。実話をもとにした物語です。

富士山頂の測候所に関わっておられた新田先生が、歴史的には無名だった半左衛門の存在を知ったのは、御殿場（静岡県）の強力《ごうりき》からでした。頂上への行き帰り、荷物を運ぶ強力が、「はんざむ（半左衛門）さん」と親しみを持って口にするのを聞き逃さなかった。

しかも驚くべきことに、富士山麓の奥深きところに江戸時代からの小さな祠《ほこら》があり、伊奈半左衛門が秘かに祀られていたんですね。農民のために一命を捧げたればこそ、彼は神様となって、300年近くたっても農民の間で愛情深く語り継がれている……。

半左衛門は、関東郡代という代官の最高職にあった人で、今でいうトップ官僚でした。新田先生は、農民から収奪することが役目のお役人でありながら、このような人物が江戸時代にいた事実に驚かされます。よくぞそれをモチーフに小説を書いてくださったと思うんですが、視点のすばらしさをしみじみ感じています。

震災と重なり

――初演は1980年。新田氏は劇化に寄せて、「天変地異はわれわれの前に常にある。この劇団なら、政治性と科学性というものの中に生きる人間像をみごとに描いてくれるだろう」と一文を寄せました。

先生が、この作品を書かれた動機は、ロッキード事件への義憤だったそうです。政治腐敗に大変、お怒りだった。

「怒る富士」では、大噴火で焼け砂に埋まった山麓の村々を、幕府は「亡所《ぼうしょ》」にして農民を切り捨てます。露骨な棄民政治です。しかも全国の大名から集めた復興のための義援金48万両は政争の具としてあらぬところに使われ、被災地に下りたのは約16万両。これらは、江戸時代の記録に残る実際の数字です。東日本大震災でも、復興予算が別の目的に使用されたり、似たようなことがありましたね。

今回の上演は東日本大震災・復興支援5周年企画として始まったわけですが、公演直前に熊本の大震災もあり、終わった後の拍手の厚みが以前とぜんぜん違う。見てくださる方々が現実の日本社会と重ねつつ、より深くこの物語を受けとめてくださっているんですね。

――「怒る富士」は、前進座創立85周年特別公演でもあります。

前進座は、1931年、歌舞伎界の封建制に反旗を翻した少壮気鋭の役者たちが、外に飛び出してつくった劇団です。

創立当時の規約には「広範な民衆の進歩的要求に適合する演劇の創造」が目的とあります。31年といえば、「満州事変」の起きた年です。その3年前には、治安維持法の最高刑が死刑に改悪されました。ファシズムの時代に、よくぞ立ち上げたと感動します。奇跡に近い。前進座の誕生自体が社会史的な意味があると思っています。

前進座の座歌は、北原白秋作詞・山田耕筰作曲なんですよ。その歌詞の一部に「今朝の露に　貴くも　悲しく行かむ」とあります。この座歌を口にするたび、胸に突き上げるものがあって……。

「今朝の露」とは「初心」です。朝、陽が昇って最初にキラリと光るのが露ですものね。「貴くも悲しく」とは限りなく高邁《こうまい》な志を持って、しかし己に常に厳しく、謙虚であれ、というメッセージが込められている、と思っています。

創立メンバーの中村翫右衛門《かんえもん》や、河原崎長十郎、河原崎國太郎、そして女形も二枚目も演じた父・五代目嵐芳三郎らを第一世代とするなら、先般亡くなった中村梅之助や兄（故・六代目嵐芳三郎）と共に、私は第二世代、もはやごく少数の、生き残りの一人となってしまいました。

今回の芝居では、現在の劇団の中枢を担う当代、いわゆる第三世代が要所を固めてくれています。さらに若き農民群像の役々は私にとっての孫世代、なんと第四世代のメンバー。第二・第三・第四と、はからずも三世代そろい踏みとなり、前進座創立85周年記念公演に相応《ふさわ》しい形で劇団が総力をあげて世に問う舞台になったと思います。

全国を駆け回る

――圭史さんは主役でありながら全国を駆け回り、観客を組織してきました。

９２年の「怒る富士」上演のときは、北海道の北見から鹿児島の川内まで１４２もの生協組合員さんの手による実行委員会がつくられたんですよ。

当時、生協組合員さん自身による活動が活発でね。食べものだけでなく〝心にも栄養を〟といったスローガンが、共通意識として全国で語りあわれていたんです。物資優先の、あの醜悪なバブル経済がはじけた時期と重なるんですが……。1カ所1カ所、組合員さんと丁寧な話し合いを重ねる、気の遠くなるような根気仕事でした。

今回は、2017年の4月まで約80カ所で巡演の予定です。パターンはいろいろですが、それぞれの地域で実行委員会をつくっていただいて、準備を進めています。

全国津々浦々、老骨にむち打ってとび廻っていますが、いつも自分に言い聞かせています。「一に情熱、二に体力、三、四がなくて、五にいささかの知恵」。

でも苦労と思いません。

そこにすばらしいお客さんとの出会いが待っているからです。

半世紀以上、この仕事をやってきてつくづくとありがたいと思うのは、そうした出会いの多様さなんですね。まず何といっても作品との数々の出会い、その作品を通じての役々(人物)、さらには作家、演出家、俳優、そしてお客さんとの出会い。演劇人生の中での私の財産です。

苦難の中の子ども時代

——圭史さんは1940年に生まれました。父は前進座の看板役者の一人だった五代目嵐芳三郎。母は花柳界《かりゅうかい》出身で、第1回〝ミス名古屋〟にも選ばれた、お嬢さん芸者でした。

母は周囲の反対を押し切って、19歳で父のところに嫁ぎました。父は、〝役者こども〟然として、いかにも柔和な、ぼんじゃり（おっとり）とした役者でしたが、家庭ではわがままで典型的な内弁慶でした。そんな父に対して、母は実に献身的でした。

前進座が〝芸術共同体〟として集団の生活を始めるのは、母が嫁いだ3年後です。当時、前進座は舞台に加え、山中貞雄監督の「人情紙風船」をはじめとする映画に立て続けに出演、大変な評価をいただきます。そのおかげで37年には東京・吉祥寺に、稽古場と住宅、事務所を併せ持つ研究所を持つことができました。私はそこで生まれ育った第一号なんですよ。

初舞台はまだ敗戦間もない48年、8歳の時。前進座子ども部のお芝居で「ライオンと鷲《わし》と猿」という寓話《ぐうわ》劇で私、鳩ぽっぽの役をやりましてね。母のかっぽう着を着て、鳩のくちばしの帽子をかぶって……。統一《とういち》君（のちの河原崎長一郎）がライオン役で、子どもなのに風格がありましたよ。

巡演の先々でされた交歓会

――その後、前進座は苦難のときを迎えます。日本共産党やその支持者が職場などから追放されたレッドパージの時代です。

歌舞伎やシェークスピア、モリエール作品を上演していたにもかかわらず、革新的な劇団という理由にもならない理由で、商業劇場から締め出しを食い、やがて学校の講堂でさえ上演できなくなりました。ＧＨＱ（連合国軍総司令部）、つまりアメリカ占領軍が日本の政府を通じて「（会場を）貸してはいけない」という通達を全国の教育委員会に出していたんですね。今、そのときの文書が各地で見つかっています。

この頃、劇団を支えてくれたのが全国津々浦々の支援者でした。子役で「レ・ミゼラブル」という芝居で全国の巡演に行った時のことは今でもよく覚えています。行く先々の駅頭で、共産党や労働組合、民医連（全日本民主医療機関連合会）の人たちが大勢出迎えてくれ、労働歌などを歌って歓迎交歓会をやるんです。子どもの私が父の腕にぶらさがるようにして、スクラムを組んで歌っている写真が残っていますが、時代の状況がよくわかる風景です。

中学生の時、やはり弾圧されていた、映画人の独立プロ作品に出演しました。山村聡監督「蟹工船」、家城巳代治監督「ともしび」、今井正監督「ここに泉あり」です。

俳優座養成所に入り

――前進座で育った圭史さんですが、いったん俳優座養成所に入ります。

15歳の多感な頃、この垣根の中だけでずっといていいのだろうか、一度飛び出して、よその空気を吸ってみたいと思ったのです。試験を受けたのは15歳の時。高校卒業以上が受験資格なのだけれど年齢を詐称してね。本当は、入った時は16歳。

同期の山崎努も私と同じ貧乏青年で、一緒にアルバイトをやったなあ。ラジオ子ども番組のレギュラーもあって月2万数千円ほどを稼ぎ、家からはビタ一文もらわなかった。子ども心にも我が家の経済状況はよくわかっていましたから……。すべて親には相談なし、自分一人で勝手に決めたの。

養成所では月曜から土曜までカリキュラムがびっしり組まれ、いま思うと、ちょっと信じられぬほど充実した養成システムでした。座学は東大や慶応、早稲田、一橋大学の超一流の先生方。高一中退の私にはレベルが高すぎましたけどね。

３年間、外で学びながら前進座を見た時、その創造活動のレベルの高さがよくわかりました。歌舞伎の批判的継承を掲げながら、現代社会にもメッセージが届けられる歴史大衆劇や現代劇を二本足でやってきた先駆性です。それで19歳で、研究生として正式に前進座に入りました。

その頃には前進座も大劇場に完全復帰していました。腕っこきの先輩たちの実力ですが、芸の上ではまさに爛熟《らんじゅく》の時代でしたね。駆け出しの私も給料をいただき、大学初任給が２万円ちょっとといわれた時代に月３５００円……。忘れもしません。

戦前新劇の〝風〟に触れた

「子午線の祀り」

――圭史さんは、前進座以外の舞台にも出演してきました。その一つが、演劇史に残る木下順二作「子午線の祀《まつ》り」での主演です。

『平家物語』を下敷きにした作品です。源氏に追われ、平家が壇ノ浦に滅びていく。己の行く末を見据えつつ、最後まで運命にあらがって生きる平知盛を、初演（1979年）から第5次公演（92年）まで演じました。

この作品で山本安英《やすえ》、滝沢修、宇野重吉との、宝ともいえる出会いをいただきました。戦前の暗黒の時代にたたかってきた新劇運動の、その一時代を担った「築地小劇場」で共に歴史を刻まれた方々です。「築地小劇場」は歴史のかなたのイメージしかなかったのに、その、最後の最後の〝風〟に触れさせていただいていた……。それに気がついたのは実は最近なんですが、改めて感慨が募りました。

第5次公演の時、知盛の心の恋人・影身を演じた安英先生は89歳。大腸がんの大手術をしたばかりで、本来舞台に立てるような状況じゃあなかった。透明感があって、肉体の常識を超えた精神の存在、その気高さに声を失いました。亡くなられたのはその翌年です。

――初演時、木下順二さん、山本安英さんと、山口県下関の「火の山」に登った時のことも忘れられません。

木下先生は1枚の地図を取り出して壇ノ浦での潮の流れ、月の引力との関わり、源平の位置関係などを説明してくださった。いったい幾たび、この地図と800年前の現実、そして天空への想念、つまり人間の運命といったような事柄が行き交ったんでしょうね。地図はボロボロで胸が熱くなりました。誠実でひたむきなお人柄にも感動しました。

実はね、『平家物語』には庶民がほとんど描かれていない。でも木下先生は、わずかに書かれた人民《にんみん》百姓の叫びを虫眼鏡で見るように引っ張り出し、戯曲に投影しました。２０１６年秋、没後10年を迎えますが、日本の良心ともいえる劇作家です。

――４時間を超す舞台でせりふは膨大です。

「せりふが出てこなかったらどうしよう」と恐怖心に襲われたことがあります。頭が真っ白になって「えい、どうにでもなれ」と居直ったら、せりふがスラスラと出てきた。

条件反射ですね。舞台の状況に身を委ね、集中力を高めていけば、一度覚えたせりふは自然に出てくる。優れた戯曲はせりふに必然性があり、人間の生理にも合っていて覚えやすいんです。でも最近は年のせいか、なかなか……。

見るべき程のことは見つ

その後、『平家物語』の全巻完全朗読にも挑みました。７年がかりでＣＤ29枚。公演、稽古、劇団業務の合間を縫ってほとんどの作業は夜中。七転八倒しましたが、そのぶんだけ学び、発見することの楽しさも存分に味わいました。

――前進座に入座して57年。舞台に立った回数は１万回以上です。

実に多様な役柄を演じてきました。中でも79年から82年にかけてはすさまじかったですね、私の役者人生にとって重要な年月でした。「子午線の祀り」「日蓮」「お夏清十郎」「怒る富士」「鳴神」「四谷怪談」などの大作が集中して……。その上、他劇場出演も三本、前進座創立50周年記念歌舞伎座公演、「前進座劇場」開場準備と走りに走り続けました。私ども〝第二世代〟の時代到来への、陣痛にほかならなかったんです。

一体稽古はいつやっていたのかと思う程で、事実、嘘のような本当の話なんですが、「怒る富士」初演の、この時の稽古期間はたったの5日間。舞台稽古の前夜、私は明け方まで畳をむしりながらせりふを覚えていたと、その時プロンプターをしてくれた、いまやベテラン女優の妻倉和子さんが言っていました。その初日が思いのほか好評をいただいて今日につながるのですが……。

今年は前進座創立85年。実にたくさんの方に支えられ、お客様と共に劇団の歴史を築いてこられたと、感謝感謝です。でも今は状況があまりに厳しすぎる。第三世代を中心とした当代にはそれを乗り越え、新たな歴史をぜひつくりあげていってほしい。あくまでも謙虚に、己に厳しく、ね。

「子午線の祀り」で知盛は「見るべき程のことは見つ」といって壇ノ浦に身を沈め、人生の幕を閉じました。私もね、残された時間を大切に大切に、さらなる精進と努力を尽くし、〝見るべき程のことは見つ〟といえるような生をまっとうしたいなあ。

（2016年7月）

女優

渡辺美佐子さん

初恋の君は原爆の犠牲に

――28年間演じた、一人芝居「化粧　二幕」（井上ひさし作）や31年続く原爆の朗読劇が評価され、２０１６年5月、第16回坪内逍遥《つぼうちしょうよう》大賞を受賞しました。ＮＨＫスペシャルドラマ「戦艦武蔵」（同年9月3日放送）では、18歳で夫をなくした妻を万感の思いで演じます。

終戦の前年、レイテ沖海戦で海に沈んだ戦艦武蔵。物語は、乗組員だった夫の最期を知ろうと、渡辺さん演じる妻・ふみが孫娘と旅に出るところから始まります。作・演出は「大地の子」で知られる岡崎栄さん（86）。ふみの役は、渡辺さんを想定して書かれました。

岡崎さんとは、何十年も前からのお付き合いです。ドラマの前年、まだ台本になっていない準備稿を見せていただいて、「どう思う？」と。

私は「すごいものを書いたな、でも、あまりにお話が壮大なので実現できるのかしら」

と心配していました。だから、できあがって本当にうれしいです。

ほぼ同じ時代を生きてきた人間としては、岡崎さんのこの作品にかけた思いが、よくわかります。

戦争は嫌だという思いを、柔らかいもので包んでいる。こんな訴え方もあるんですね。ぜひ多くの皆さんに見ていただきたいです。

助かった命も犠牲に

――戦艦武蔵は2015年、フィリピンのシブヤン海で発見されました。ドラマでは、石原さとみさん演じる孫娘が、「この国がまた戦争になったら武蔵と一緒に眠っている人たちに顔向けできない」と語ります。

「昔、悲しい話があったのよ」でおしまいにせず、現在に結びつけてみんなに考えさせるところがいいですね。

武蔵が生きていた時代、私は小学生でした。その武蔵のことで今回、初めて知ったことがあります。武蔵が米軍に撃沈された後、半分の人が助かったにもかかわらず、武蔵沈没の事実を隠すために、そのままコレヒドール島の戦場に連れていかれ、大半の方が亡くなったそうです。

あの戦争では約３００万の日本の方が亡くなっています。命令に従って死んでいくのは10代、20代の若い人たちが多かった。年寄りが企画し、おとなが命令し、若者が死んでいく。二度と繰り返したくありません。

戦後35年の「対面」

――ドラマで印象に残るのは、石川啄木の「初恋」の歌です。「砂山の砂に腹ばい／初恋の／いたみを遠くおもい出ずる日」。渡辺さんにも幼い頃、胸をときめかせた思い出があります。

小学5年の時、龍雄君という転校生がいたんです。ご両親が旧「満州」にいらして、彼一人東京に戻り、官舎で暮らしていました。

りんごのようなほっぺで、笑った時の白い歯と、きりっとした目が印象的でした。なんとなく恥ずかしく、口を利くこともなく、道の端と端に離れて小学校に通っていました。

戦後35年の１９８０年、テレビのご対面番組があり、女優になっていた私は、龍雄君に会いたい一心で、捜してほしいとお願いしました。ご対面の当日、カーテンの陰から出てこられたのは、年取ったご両親でした。

体が震えました。両親が出てくるということは、彼はもういないということでしょう。

そのときのショックは今も覚えていますね。

龍雄君は原爆で亡くなっていました。東京の空襲が激しくなり、広島のおばあさまのところに預けられたそうです。龍雄君はあの日、勤労作業で建物疎開に出たまま帰ってきませんでした。遺体はもちろん、遺品もなく、目撃者も全滅したので、35年たってもお墓もつくれない、とおっしゃっていました。

私は立っているのが、やっとでした。お父様たちに「またつらい思いをさせてしまって……」とおわびをすると、こう言われました。

「龍雄は転校ばかりで友だちもいないし、12年しかこの世にいなかった。あの子のことを覚えているのは家族だけと思っていたのに、35年も覚えていてくださり、ありがとうございます。あの子もさぞ喜んでいるでしょう」と。

意地でも泣くまい、と頑張りました。泣くことで終わらせてはいけないと思ったからです。

平和の種をまく

――このことをエッセーにした「りんごのほっぺ」は、高校教科書に掲載されています。

対面から5年後の戦後40年、原爆で亡くなった子どもたちの手記を読む朗読劇が始まり、渡辺さんも参加します。

資料に『いしぶみ―広島二中一年生全滅の記録』があり、もしやと思って巻末を見ると、龍雄君の名前が……。龍雄君が呼んでいると思いました。

朗読劇はご両親も見にこられ、妹さんは今も見にきてくださるんですよ。31年間、朗読劇を続けてこられたのは、龍雄君のおかげです。

今年も随分いろんなところで公演しました。いつもその土地の小学生や中学生と一緒に舞台に立つんです。子どもたちが、「何でもない暮らしがどんなに大事かわかった」という感想を言ってくれるとうれしい。それが平和の原点ですもの。少しでも種をまきたい、と毎年続けています。

――世界では、核兵器を禁止するための条約を実現しようとの世論が広がっています。しかし日本政府は反対の立場です。

信じられないです。率先して賛成しなきゃいけないのに。何のために龍雄君たちは亡くなったのでしょうか。

〝尾行〟きっかけに女優の道へ

──1932年10月、東京・麻布の帽子問屋に生まれました。

5人きょうだいの末っ子でしたので、みんなにちょっと〝ひいき〟されていて、甘えん坊でした。寝る時には母が足の間に冷え性の私の足を挟んでくれる。楽天的な母が、「寝るより楽はなかりけり。浮世のばかは起きて働け」なんていうのを聞きながら母に包まれていたあの時間は、まさしく極楽でしたね。

自宅にアメリカ人将校

終戦の時は12歳。わが家は奇跡的に焼け残り、戦争に行った兄たちも無事戻ってきました。しかし突然、2階の洋間を接収すると通告され、まもなくアメリカ人将校が、日本の女性を連れてやってきました。

台所とトイレは共有。私たちは毎日一握りの煎った大豆をかじっている時に、向こうは毎日のようにステーキです。その刺激的な音と匂い――。

ある朝、真っ白な長い食パンがゴミ箱に捨てられていました。その白さに目が離せない私は、でも決して手は出しませんでした。それは絶対にしてはいけないことだったんです。

1カ月後、父と母は、せっかく焼け残った家をあっという間に手放しました。今となれば当時の両親の気持ちは痛いほどよくわかります。

偶然、電車の中で

――中学、高校ではテニスに明け暮れました。ひょんなことから俳優座付属養成所の門をくぐります。

高校生活も終わりに近づいた頃、偶然、電車の中で俳優の信欣三《しんきんぞう》さんを見かけました。姉がすごいファンだったので、姉を喜ばそうと後をつけた行き先が、俳優座。養成所の受験生と間違われて募集要項を渡されました。それで受けたんです。理由は試験に苦手な数学と物理がなかったから。女優になりたいなんて思ったこともないのに、今考えてもその大胆さにわれながらびっくりです。

電車の中で信さんに会わなかったら、絶対女優になっていなかったでしょうね。

――誰にも相談せずに受験し、1次試験に合格。喜んだのは、三つ上の姉でした。

姉たちは、あの戦争で目に見えない被害を受けた世代です。女学校という青春真っ盛りに何の勉強もせず、勤労動員で毎日、はちまきを締めて真空管を作らされていました。だから、戦争が終わって、どっとアメリカ映画や、ジャズや演劇など、初めて目にする文化の薫りに酔いしれたんですね。

ＯＬになっていた姉は、映画や芝居を見に行く時、いつも私を連れていってくれました。その中に信さんが出ていた映画「きけ、わだつみの声」があったのです。すべての原点は姉にあるといっていいかな。

合格を姉が母に報告し、母は賛成してくれました。でも父の答えは「ノー」で、初めて渋谷の喫茶店でアルバイトをしながら養成所に通いました。

ひめゆりの塔

――俳優座養成所の3期生に。2年の時、今井正監督の「ひめゆりの塔」でデビュー。役作りでやせるために、しょうゆを飲んだエピソードは有名です。

私が演じたのは、17歳で命を奪われた沖縄のひめゆり隊の少女でした。重傷を負い、一人壕《ごう》に残され、自決用の手榴弾を胸に遠く離れた母を呼ぶ。でも試写室で見た自分は、イメージとまるで違う。ぽっちゃりとして、死にかけてる女の子の顔じゃない。「違う、違う」と泣いている私を見て、今井監督が1週間後にそのシーンを撮り直してくれました。駆け出しの女優の卵のためにです。今思うと、大変なことでした。

1週間絶食し、しょうゆは一口飲んだだけでむせて、結局水で薄めてなんとか……。やせはしなかったけど、今井監督からは「目の光が良かったね」と。何年かたって、お礼を申し上げたら、「いい女優さんになりましたね」と。うれしかったですね。

井上ひさしさんの挑戦状

一人芝居「化粧」

——1954年に俳優座付属養成所を卒業。先輩の小沢昭一さんらが結成した劇団新人会に入団します。

女優さんが少なかったので、最初からいい役がもらえました。でも芝居をやるにはお金がかかります。みんなで外で稼いでくることになり、小沢さんと私は日活と契約を結びました。当時は映画の絶頂期。私も舞台をやりながら1年に12本くらい出ていました。

契約した5年の前半は作品に恵まれたのですが、後半は〝石原裕次郎もの〟ばかりでおとなの女優が出る幕はない。裕次郎さんの恋人役を除けば、あとはボスの情婦かバーのマダムか。〝忍〟の一字でした。

――映画「果しなき欲望」（1958年）でブルーリボン助演女優賞、舞台「小林一茶」「オッペケペ」で紀伊國屋演劇賞。そして82年、井上ひさし作の一人芝居「化粧」と出合います。

始まりは、6人の作家、6人の演出家、6人の女優による一人芝居の企画でした。共通テーマは「母」。その中で井上ひさし作、木村光一演出、私という組み合わせが決まり、「化粧」が生まれました。

私が演じるのは、旅回りの一座の女座長・五月洋子。この役は井上さんから私への挑戦状でもありました。どさ回りの苦境の中で夫に逃げられ、子どもを捨てた大衆演劇の女優を、お堅い新劇女優に演じられるか、という……。

座長から学ぶ

九州の大衆演劇の女座長・筑紫《ちくし》美主子《みすこ》さんに、「おそばにおいてください」と手紙を出しました。ラジオで筑紫さんの半生を朗読したことがあったんです。筑紫さんは、ロシア人と日本人の母との間に生まれ、とても苦労なさっていて、お会いしたかった方でした。

――筑紫さんが旅回りをしていた九州の温泉センターへ。付き人として10日間、張り付きます。

楽屋で化粧をお手伝いしました。とにかく簡便なんです。ドーランなどの化粧品も小さな空き缶に詰めて、古いセルロイドの裁縫箱にピシャッと入っている。きりっとしたたたずまいで、芝居の転換が早い。筑紫さんの芝居が始まると、飲み食いしながら横目で見ていたお客さんの手が止まるんです。ホーッと笑っていたおばあさんが、もう次は泣いてる。その迫力と鍛えられた芸にびっくりしました。

井上さんの推薦で大衆演劇の梅沢武生さんにも教えを乞いました。富美男さんのお兄さんです。梅沢座長は大衆演劇の決まりや習慣を細かく教えてくださいました。毎日が発見の連続で面白くて楽しくて……。昼間、教わったことを夕方、稽古場で演出の木村さんに伝える。どこでどのせりふを言うか、化粧の手順はほとんど私に任せられました。

――「化粧」は、女座長が化粧をする過程で、赤ん坊だった息子を捨てた過去が語られていきます。一人芝居なのに、あたかも複数の人物がいるかのように。初日は大成功でした。数日後、井上さんが「続きを書く」と宣言。年末に1時間30分の二幕劇が完成します。

私は、エーッ！　と。一幕でも疲れて、はうように楽屋に戻ったのに、二幕になったらどうなるの、と。井上さんは、「舞台に登場しない人物の存在を、観客の想像が確かなものにしてくれる。それをもう一度、ひっくり返してみたい」と。

いつからか、おひねりが飛ぶようになりました。サツマイモのふかしたのやピンピンした鯛を頂きました。アメリカ公演の初日では、全員が総立ちで拍手をしてくれました。49歳で始めて、終わった時は77歳。28年の間には、状態が良くない時もあります。でもそこはお客さんがエネルギーをくださる。自然に元気になるんです。

こうなったらカッコつけてもしょうがない。自分をさらけ出してお客様の中に飛び込むしかない、と気づけたのは、長く「化粧」をやってきたからだと思います。

芝居は生き方が透けて出る

渡辺美佐子さん

――32歳の時、後に「岸辺のアルバム」や「ふぞろいの林檎たち」など、数々の名作を世に送り出した名プロデューサー・大山勝美さん（故人）と結婚しました。

あの頃は、「女優は結婚してはいけない」といわれていました。妊娠した時も、新聞に「女優は自分の体に責任を持て」と書かれました。

太地喜和子さんという私の大好きな女優さんは、いっぱい恋をなさったけど結婚はしなかった。家庭という幸せをつかむと、芸術の女神・ミューズが焼きもちを焼いて女優として大成しない、と信じていらしたのです。

でも私は結婚もし、子どもも産みたかった。女として普通の生活をしたかったのです。子どもが生まれた時も、仕事を辞めようとは全く考えなかったですね。夫も応援してくれました。

夫の応援感謝

学校の先輩でもあった脚本家の向田邦子さんには、よくお説教されました。「奥さんに好きなように仕事をさせてくれる男の人なんて、日本にはめったにいないのよ。すごくありがたいと思わなくちゃ」と。

本当に夫は最後まで私の仕事を応援してくれました。２０１４年に夫が病院で亡くなった時も、「あなた、明日、稽古でしょ。もう帰って」というのが最期の言葉でした。今は、もっと夫と一緒にいる時間を大切にすればよかったな、と悔しいです。散歩したり、映画や舞台を見に行って、おしゃべりしたり……。

――多忙な仕事の合間を縫ってPTAの役員もやりました。

息子は中、高と公立の学校だったのですが、役員を決める時、みんな黙ってしまって……。沈黙に耐えられなくて「私、やります」と新聞を出す係に。夫は会長までやりました。

息子が小学生の時、「看護婦さんや学校の先生は人の役に立つけど、女優って何の役に立つの」と突然、聞かれました。「人間には生活に絶対必要じゃないけど、でもやっぱり大事なものもあると思うの」とかなんとかやっと答えましたが、きつい一撃でしたね。

自分の声発見

――俳優生活63年。今思うのは、〝役になりきる〟のは無理ということです。

どんな役をやっても透けて見えるのは、演じている人間そのものじゃないかしら。その人丸ごとが透けて見えてしまう。怖いですね。

この仕事は、アスリートのように年齢制限もないし、数字で測れる目標もない。「これでいい」というところもなく、果てしなく道は続きます。

今度の映画「続・深夜食堂」（２０１６年11月5日、全国公開）では、オレオレ詐欺とわかっていて引っかかる変なおばあさんを演じます。何でもない日常を描いて、かわいそうでバカで、でもかわいいのよね、という人間ばかり登場して……。好きな作品です。80歳なら80歳の役があって、とてもありがたい仕事ですね。女優って。

おかげさまで私は下積みの経験もなく、役に恵まれてきました。特に舞台では激しい役が多かったですね。実生活と落差があればあるほどファイトが湧きました。「化粧」のような激しい舞台も、私が普通の生活をしていたからジャンプできたような気がします。

長いこと、いろんな役を演じてきて「こんな声、初めて出た」ということがあると、うれしくなります。湧いてきた感情で声が出るので、自分も知らなかった自分の声をいつも探している旅のようなものですね。

長く続けられたのは、まず健康だったことと、母に似て楽天的だったことでしょうか。嫌なことは、さっさと片付け、苦手な人からはなるべく逃げます。そうやって、ウキウキと元気いっぱいでいつも舞台に立ちたいですものね。

「こころよく／我にはたらく仕事あれ／それを仕遂げて死なむと思う」という啄木さんの歌があります。いつまでもそんなふうに生きられたらいいですね。

（２０１６年9月）

東京大学宇宙線研究所所長

梶田隆章さん

知の地平線、ニュートリノ研究

変身する〝幽霊〟捕らえた

――2015年ノーベル物理学賞を受賞した梶田さん。ノーベル賞受賞の研究は、素粒子の一つ、ニュートリノの研究です。

素粒子といっても、ピンときませんよね。簡単にいうと、物質をどんどん細かくしていって、それ以上、細かくできない粒が素粒子です。広大な宇宙も物質からできているので、素粒子を解明することは、宇宙を知ることになるんですよ。

私が研究したニュートリノも素粒子です。〝幽霊〟のような存在なんです。ニュートリノは、シャワーのように地球に降り注いでいます。私たちの体にも毎秒数百兆個も降り注いでいるんです。でも、何も感じませんよね。ニュートリノは、私たちの体も地球も、すべてを素通りするからです。

この〝幽霊〟を捕まえるための装置が、1983年に作られたカミオカンデです。恩師の小柴（昌俊《まさとし》・東大特別栄誉教授、２００２年ノーベル物理学賞受賞）先生の発案でした。

カミオカンデ

――カミオカンデは、岐阜県神岡町（現飛騨市）の鉱山地下１０００メートルの坑道に設置された巨大水槽。初代カミオカンデは直径約16メートル高さ約16メートルの水槽。３０００トンの水が入っていました。

ニュートリノは、ほとんどの物質を通り過ぎるので、観測が難しい。でも、巨大な水槽を通り抜ける時、水とぶつかると微弱な光を出します。それを高感度センサーでつかまえるんです。見えないはずの〝幽霊〟が見えるようになります。

大学院1年生だった８１年の冬、私は初めて神岡町に行きました。専門業者が地下にタンクを建設した後、内側に高感度センサーを取り付けます。具体的には１０００個の光電子増倍管を取り付けるんですが、４カ月間、坑内で作業をしました。装置ができていくのが楽しく、苦労だとは思いませんでした。

しかし取り付けの途中で、水槽に水を入れる前に検査をすると、ほとんどの配線がショートして、センサーは動きませんでした。みんながっかり。一からやり直したことなどもありました。

質量ある証拠

――梶田さんは86年ごろから、ニュートリノの研究を始めます。この研究がノーベル賞受賞につながりました。

大学で知り合った妻と85年に結婚しましたが、まだ大学院生だったため妻に養ってもらっていました。日本学術振興会の研究員に応募しましたが、不採用。小柴先生のおかげで、86年に東大の助手に採用してもらい、やっと研究に没頭できるようになりました。

新しい解析をしてみると、観測したミュー・ニュートリノの数が理論上の予測より少なかった。何かの間違いかと思い、1年間かけて調べました。しかし解析自体は間違いない。これは何かあるぞと思いました。謎を解き明かすワクワク感がありました。研究者としてはこのころが一番楽しかったですね。

実は、ニュートリノが別のニュートリノに〝変身〟していたんですね。この現象は、難しい言葉でいうと「ニュートリノ振動」です。当時、ニュートリノに質量がある証拠はありませんでした。でも質量ゼロでは〝変身〟しない。〝変身〟するということは、質量があるという証拠です。

この結果を88年に論文で発表しましたが、ほとんど信じてもらえませんでした。著名な物理学者からは「カミオカンデの汚点だ」とまでいわれました。

96年にスーパーカミオカンデが完成しました。大きさは初代カミオカンデの約20倍。1年で大量のデータを集められました。

98年に岐阜県で開かれたニュートリノ国際学会で「ニュートリノ振動の証拠」を発表しました。発表が終わると、長い拍手が続きました。私たちの発見が認められたんです。うれしかったですよ。

私たちが暮らす宇宙には、まだわからないことがたくさんあります。大きな謎はすぐに解けるものではありません。多くの人が長い時間をかけて研究していくことが必要です。

基礎研究、日本の現状に危機感

――ニュートリノの研究は基礎研究そのものです。梶田さんは日本の基礎研究の現状に危機感を持ちます。

私たちの研究は今すぐ、何かに役立つというものではありません。人類の知の地平線を拡大するような仕事です。基礎研究は、これまで人類が知らなかったことに挑戦し、人類の知の財産を増やしていくことです。どのように宇宙や人間が生まれ、これからどこに向かうのかを知ることができます。若い人たちにぜひ挑戦してほしいです。

しかし04年の国立大学法人化以降、多くの大学が急激に弱体化し、研究力が落ちています。国が、国立大学の運営費交付金を削減してきた結果です。また、法人化以降、多くの研究者は、研究時間も減ったと実感しています。

とくに重大なのは、大学の助教のポストが減ったことです。若手がなかなか安定した職に就けません。長期的には、これが日本の研究力を大きくそいでいます。

国は、国立大学の運営費交付金を増額し、若手が安心して研究できる環境をつくらないといけません。

ノーベル賞を受賞したことで、さまざまな人の前で話す機会が増えました。そのたびに研究環境の危機と基礎研究の重要性を訴えています。手遅れになる前に、研究力回復の手を打つことが必要です。

◇◇◇◇◇◇◇◇◇

小学生時代は歴史好き

科学の入り口は弓道部顧問

――母親の朋子さんによれば、子どもの時のあこがれは、漫画「鉄腕アトム」に出てくる科学者のお茶の水博士でした。

母親はそういうけど本当かなあ。（笑）

埼玉の東松山の田舎で生まれ、のんびりと育ちました。家は酪農をしていました。科学と関係するようなことは、とくに何もなかったと思うんです。

小学生の時は歴史ものが好きで、よく読んでいました。織田信長とか徳川家康とか。ただ理屈っぽい子どもではあったようです。小学校に行く時、母親が「忘れ物はないの？」と聞いたら、ぼくは「そんなの思い出せたら〝忘れ物〟じゃないよ。思い出せないから〝忘れ物〟って言うんだ！」と答えたそうです。覚えていないんですが、そういう「へ理屈」は言いそうな気がします。

教科書の先を

――川越高校では3年間弓道部の部活を通しました。

高校に入った時は背が小さくて体も貧弱だったんです。バスケットのような、もろ体力勝負の部活は難しいと思い、弓道部に入りました。うまく弓が引けると本当に気持ちがよくて、的にもきちんと当たる。そういうところにひかれました。

弓道部の顧問が、理科の先生でした。物理の大学院を出て、一度企業に就職してから教師になった人です。授業の担当は地学。現代的な天文学の話もしてくれました。その先生に、高校の教科書の先の、科学の世界を垣間見せてもらいました。私の人生にとって大きかったと思います。

先生には、今でも弓道部の昔の仲間の集まりでお会いすることがあります。ノーベル賞受賞の後「東大の大学院に入ってから相当頑張ったんだね」と言ってくれました。高校の時は適当だったからでしょうか。(笑)

——京都大学を受験しますが、残念ながら不合格。埼玉大学に進学します。

大学でも弓道部に入りました。大学3年の時は副主将でした。毎日、練習し、全国大会にも出場しました。

大学4年時、主将になる立場でしたが、断りました。大学院に進むことと弓を引くことが両立しないと考えたからです。周りに迷惑をかけるのは申し訳なかった。それでも物理をやりたいという思いがあったので、迷いはありませんでした。

理論は難しい

——1981年春、東大理学部の大学院に進学。物理学の小柴昌俊さんの研究室に入ります。

素粒子に興味があったんですが、理論は難解で私には無理ですし、向いてないので、実験系がいいと思っていました。

大学院の各研究室の紹介を見たら、小柴研はたった1行「電子と陽電子の衝突実験を行う」と書いてありました。よくわかんないけど面白そうだと思って入りました。

ちょうどカミオカンデの準備を始めたときでした。その中心の小柴先生はものすごい貫禄がありました。近寄りがたいというか、独特の雰囲気でしたね。

小柴先生はいつも僕たちに、「将来の研究の卵をいくつか持つようにしなさい」と言っていました。

小柴先生はもう一つ「われわれは国民の血税で研究しているんだ。決して無駄遣いするな」と言っていました。

実はカミオカンデ建設時の目的は、ニュートリノの研究ではありませんでした。陽子崩壊の観測でした。陽子は非常に安定した素粒子です。その崩壊をとらえれば画期的なのですが、起きるかどうかわからない現象です。

小柴先生は「陽子崩壊は宝くじを買うようなものだ。それに国民の血税を使うのはいささか申し訳ない」と思っていたそうです。それもあって、ニュートリノ観測もできるように1年半かけてカミオカンデを大改造しました。

私たちはせっかく陽子崩壊の実験を始めたのに、工事で中断かとがっかりしました。でもその決断がよかった。結果として超新星爆発のニュートリノを観測し、小柴先生のノーベル賞につながりました。

◇◇◇◇◇◇◇◇◇◇

科学の伝統、次世代に引き継ぐ

装置が壊れる

――2001年秋、カミオカンデの2代目、スーパーカミオカンデで大きな事故が起こりました。

スーパーカミオカンデが観測を始めてから5年目でした。突然、ニュートリノを観測するための高感度センサー（光電子増倍管）の6割が割れてしまいました。

この事故は、研究人生のなかで、もっともショックを受けた出来事です。再建のためには何十億円というお金が必要です。その予算を認めてもらえるかどうかもわかりません。これでもう研究ができないかもしれない、と本気で思いました。

――その時、研究再開のリーダーシップをとったのが、当時、スーパーカミオカンデの施設長だった戸塚洋二教授でした。

戸塚先生と私は17歳、年が離れています。小柴先生より年齢が近いこともあり、割と気楽に相談できる相手でした。

そんな先生でしたが、あの時の対応は本当にすごかった。事故の翌日には「スーパーカミオカンデは1年以内に再建する」と宣言。意気消沈していた私たちを「よしやろう」と奮い立たせてくれました。

研究者というのは、自分の好きなことをやるという習性があります。みんながまとまってやるのは難しい。みんなが結束して研究再開の目標にむかっていけたのは、戸塚先生のおかげです。

事故で壊れたセンサーは6000個以上。それだけの数を製造するには何年もかかるので、自分たちで、壊れなかったセンサーと予備のセンサーを使って仮復旧しました。そうやって、宣言通り1年後には、ニュートリノの観測を再開しました。

――ニュートリノの研究で戸塚さんもノーベル賞受賞確実と期待されていました。しかし2008年7月、直腸がんで亡くなりました。66歳でした。

亡くなる半月ぐらい前に、自宅にお見舞いに行きました。そのとき「最後にもう一度カミオカンデに行きたい」と言っていました。

できれば連れて行ってあげたかった。病気で体力が相当落ちており、残念ですが、その夢はかないませんでした。

戸塚先生は若い時にドイツに留学しました。その時訪ねた大学の研究室で、何気なく置かれている道具をみて驚いたそうです。教科書で習うような偉い科学者の実験装置だったからです。

「ドイツは、偉大な先人を身近に感じる、伝統の強みがある。日本でも科学の伝統をつくらなければならない」とよく話していました。先生はその言葉通り、カミオカンデで世界の最先端を走る、日本の科学の伝統をつくったと思います。

新たな挑戦も

――いま宇宙線研究所長として、日本の科学の伝統を若い研究者に引き継いでいく役割です。

みんながなるべく気持ちよく、やりたい研究をやれるようにするのが所長の務めです。大学院1年生の部屋を大部屋にして、違う分野の研究者が交流できるようにしました。自分の研究グループだけに閉じこもっていると、隣の部屋が何をしているか全く知らないということになる。それではいい研究はできません。

宇宙線研ではいま、大きな国際共同プロジェクトをすすめています。スペインのカナリア諸島に、世界最高性能の高エネルギーガンマ線天文台（チェレンコフ・テレスコープ・アレイ＝ＣＴＡ）をつくる計画です。これまでのガンマ線観測装置の10倍以上の感度があります。

従来の装置では誕生から66億年後の宇宙の姿しか見られませんでした。しかしＣＴＡでは誕生後16億年の、より若い時期の宇宙の高エネルギー現象を見ることができます。ブラックホール周辺のさまざまな物理現象や暗黒物質の検出にも挑戦します。可視光では観測できない宇宙の謎解きはまだ始まったばかりです。

（２０１７年9月）

梶田隆章さん

あとがき

『人生の気品』は、赤旗日曜版のシリーズ「この人に聞きたい」を、新日本出版社が編集・出版したものです。２０１６年に刊行した『人生の流儀』の続編にあたります。

「この人に聞きたい」は各界で活躍する人に、仕事と人生をたっぷり語ってもらうロングインタビューです。1人当たり3、4回連載が基本です。２０１３年4月から始まり、２０１７年10月初めまでに、すでに45人が登場しました。

前回収録したのは14人でした。本書は15人を収め、引けを取らず充実したものになりました。ジャンルも俳優、作家、写真家、映画監督、漫画家、画家、ノーベル賞物理学者と多方面にわたります。

担当記者が常々心掛けているのは、華やかな活躍のかげの苦労や苦悩、それを乗り越える努力など、隠れたドラマを引き出すことです。またもう一つ、戦争と平和への思いを語っていただくことです。これは、戦争を知る世代が少なくなる中での、私たちの重要な役割だと思っています。

取材・原稿作成は板倉三枝《みえ》、小川浩《ひろし》、大塚武治《たけはる》、金子徹、北村隆志、山本長春《ひさはる》の各記者が担当しました。「今年」「この春」などの表記は基本的に掲載当時のままです（掲載時期は各インタビュー末に示しました）。

おかげさまで前回の『人生の流儀』は好評で、読者の方から「自分らしく生きることの意味を再考した」「それぞれの生き方に深い感動を覚えた」など、たくさんの熱い感想をいただきました。

本書もまた、明日の力が湧いてくる「人生の応援歌」となることを願っています。

２０１７年10月3日

しんぶん赤旗日曜版・担当デスク　北村　隆志

本書は、２０１４年５月〜２０１７年９月まで『しんぶん赤旗日曜版』「この人に聞きたい」に掲載された記事の一部を、加筆修正してまとめたものです。写真提供は、野間あきら記者（11、23、37、47、75、85、103、119、135、147、161、175、189、205ページ）、石塚康之さん（63ページ）です。

著者紹介（掲載順）

草笛光子（くさぶえ・みつこ）

1933年神奈川県生まれ。女優。53年映画デビュー。舞台、映画などで幅広く活躍。芸術祭優秀賞ほか受賞多数。

赤川次郎（あかがわ・じろう）

1948年福岡県生まれ。作家。『セーラー服と機関銃』、『三毛猫ホームズ』などの人気シリーズを手がける。

高見のっぽ（たかみ・のっぽ）

1934年京都府生まれ。俳優・作家・歌手。第58回放送文化賞など受賞。児童書、絵本、エッセイなど著書多数。

鳳　蘭（おおとり・らん）

1946年兵庫県生まれ。俳優。宝塚歌劇団退団後もミュージカルなどで活躍。2016年旭日小綬章受章ほか受賞多数。

宝田　明（たからだ・あきら）

1934年中国東北部生まれ。俳優。映画、ミュージカルなどで活躍。2012年文化庁芸術祭大衆芸能部門大賞受賞。

笹本恒子（ささもと・つねこ）

1914年東京都生まれ。報道写真家。日本写真家協会名誉会員。2011年吉川英治文化賞ほか受賞多数。

周防正行（すお・まさゆき）

1956年東京都生まれ。映画監督。「Shall we ダンス？」（96年）は日本アカデミー賞全13部門で最優秀賞。

山本おさむ（やまもと・おさむ）

1954年長崎県生まれ。漫画家。79年漫画家デビュー。『どんぐりの家』（95年）は日本漫画家協会賞優秀賞。

渡辺えり（わたなべ・えり）

1955年山形県生まれ。劇作家・演出家・俳優として活躍。「オフィス３○○」主宰。日本劇作家協会副会長。

野見山暁治（のみやま・ぎょうじ）

1920年福岡県生まれ。画家。文化功労者。2014年文化勲章受章。著書に『遠ざかる景色』（13年）など。

帚木蓬生（ははきぎ・ほうせい）

1947年福岡県生まれ。精神科医・作家。東京大学仏文科卒、九州大学医学部卒。代表作に『逃亡』（97年）など。

香川京子（かがわ・きょうこ）

1931年東京都生まれ。女優。キネマ旬報助演女優賞、日本アカデミー最優秀助演女優賞など受賞多数。

嵐　圭史（あらし・けいし）

1940年東京生まれ。俳優。59年劇団前進座に入座。出演作に「怒る富士」（92年）「江戸城総攻」（2010年）など。

渡辺美佐子（わたなべ・みさこ）

1932年東京都生まれ。俳優座養成所第３期生。演劇、映画、テレビで活躍。2014年菊田一夫演劇賞・特別賞受賞。

梶田隆章（かじた・たかあき）

1959年埼玉県生まれ。2008年より東京大学宇宙線研究所所長。15年ニュートリノ研究でノーベル物理学賞受賞。

人生《じんせい》の気品《きひん》

2017年11月15日　初　版

著　者　草笛光子・赤川次郎・高見のっぽ
鳳　蘭・宝田　明・笹本恒子
周防正行・山本おさむ・渡辺えり
野見山暁治・帚木蓬生・香川京子
嵐　圭史・渡辺美佐子・梶田隆章

発行者　田所　稔

郵便番号　151-0051　東京都渋谷区千駄ヶ谷4-25-6
発行所　株式会社　新日本出版社
電話　03（3423）8402（営業）
03（3423）9323（編集）
info@shinnihon-net.co.jp
www.shinnihon-net.co.jp
振替番号　00130-0-13681

印刷　亨有堂印刷所　　製本　光陽メディア

落丁・乱丁がありましたらおとりかえいたします。

ISBN978-4-406-06180-3 C0095　Printed in Japan